Nancy Morejón · Ausgewählte Gedichte

Nancy Morejón

Ausgewählte Gedichte

1960er Jahre bis 2020

Herausgegeben, übersetzt und mit einem Nachwort
von Ineke Phaf-Rheinberger

Edition Isele

Herstellung:
BoD – Books on Demand, Norderstedt

INHALT

1960er bis 1980er Jahre

1990er Jahre

2000er Jahre

2010er Jahre

2020

Ausgewählte Gedichte aus den 1960er bis 1980er Jahren

Die Augen von Eleggua

heute Nacht
neben den Türen des rötlichen großen Hauses
traf ich wieder auf die Augen des Kriegers
eleggua
die Zunge
blutrot wie das Herz der glühenden Zangen
die vergoldeten ungleichen Füße
die Feuerhaut die brünstige lächelnde Brust

gerade ist er in Schreie ausgebrochen
eleggua springt
denkt sich Gesänge aus
streift den Raum mit einem kupfernen Dolch
wer wird ihm zustimmen
wenn nicht der Stein
oder die weiße Kokos
wer wird die Muscheln seiner Augen sammeln

wenn er den Weg verloren hat wird er Olofi vergessen
die Rituale nicht mehr kennen
weder die ihm gewidmeten Tiere
weder die magische Lanze
noch das Pfeifen in der Nacht

wenn die Augen von eleggua wiederkämen
würden sie noch einmal den reißenden Fluss überqueren
wo die Götter sich entfernten die Fische lebten

wer erinnert sich dann noch an den Gesang der Vögel
der große eleggua bindet meine Hände
und öffnet sie und huscht schon davon
und unter dem Yagruma liegt das Geheimnis
die Köpfe die Sonne und was pfeift
wie diese einzige Macht des dunklen Weges

Schwarze Frau

Immer noch rieche ich den Schaum des Meeres, das ich
                                        überqueren musste.
Die Nacht, ich kann mich nicht daran erinnern.
Nicht einmal der Ozean könnte sich daran erinnern.
Aber den ersten Pelikan, den ich von fern erblickte,
                                        vergesse ich nie.
Hoch die Wolken, wie unschuldige Augenzeugen.
Vielleicht habe ich meine verlorene Küste doch nicht
vergessen und auch nicht die Sprache meiner Vorfahren.
Sie haben mich hier zurückgelassen und hier habe ich gelebt.
Und da ich wie ein Tier geschuftet habe,
bin ich hier wiedergeboren.
Aus wie vielen Mandinga-Epen suchte ich Kraft zu schöpfen.

                    Ich rebellierte.

Euer Gnaden kaufte mich auf einem öffentlichen Platz.
Ich bestickte den Gehrock von Euer Gnaden und gebar Euch
                                        einen Sohn.
Mein Sohn hatte keinen Namen.
Und Euer Gnaden starb durch die Hand eines untadeligen
                                        englischen Lords.

                    Ich ging weiter.

Dies ist das Land, wo ich Peitschenschläge und schwere
                                        Körperstrafen erlitt.
An all seinen Flüssen ruderte ich entlang.
Unter seiner Sonne säte ich, brachte die Ernte ein und aß nie
                                        von den Erträgen.

Mein Haus war eine Sklavenbaracke.
Ich selbst besorgte die Steine, um sie zu bauen,
aber ich sang nach dem natürlichen Takt der heimischen
Vögel.

Ich erhob mich.

In eben diesem Land berührte ich das feuchte Blut
und die vermoderten Knochen von vielen anderen,
hierhergebracht oder auch nicht, so wie ich.
Nie mehr dachte ich an den Weg nach Guinea.
War es Guinea? Oder Benin? War es
Madagaskar? Oder die Kapverden?

Ich arbeitete noch mehr.

Ich schmiedete meinen tausendjährigen Gesang und meine
Hoffnung.
Hier habe ich meine Welt konstruiert.

Ich ging in die Berge.

Die Palenque war meine eigentliche Unabhängigkeit
und ich ritt mit den Truppen von Maceo.

Nur ein Jahrhundert später,
zusammen mit meinen Nachfahren,
von einem azurblauen Berg,
kam ich von der Sierra herunter,
um das Kapital und die Wucherer,
die Generäle und die Bürger zu beseitigen.
Jetzt gibt es mich: Nur heute haben wir
und schaffen wir.

Nichts ist uns fremd.
Uns gehört das Land.
Uns gehören das Meer und der Himmel.
Uns die Magie und die Chimäre.
Meinesgleichen, hier sehe ich euch tanzen
um den Baum herum, den wir für
den Kommunismus pflanzen.
Sein kostbares Holz gibt schon Widerhall.

Der Traum der Vernunft erzeugt Ungeheuer

So wie zu Zeiten von Netzahualcoyotl
   liege ich nicht gebettet auf Rosen.
Ich weiß schon, dass die Chimären
         abscheulich waren.
Und dass die welken Blätter
   zwischen die Pergamentblätter gleiten.
So erzeugt der Traum meiner Vernunft
        Ungeheuer:
Schlange, du, wiege die dialektische Kacke der
       Mücke in Schlaf.
Mein geliebter Skorpion, vergieße deine
   Empfindlichkeit über meinen poetischen Akt.
Vereinige dich mit dem Proletarier und seinem Atom-
         sprengkopf.
Hase, bleibe in mir; sage
   dein Geheimnis nicht, Haiflosse.
Neben dem Zunderschwamm, Kokospalme, unternehme
         deinen
   nächtlichen Flug.
Möge der Affe fauchen. Möge die Schlange zischen.

Ungeheuer in mir,
   habt die Erhabenheit, die die Epoche
verlangt. Ihr habt gelernt, zu sein, was ihr
     nicht seid und was ihr seid.
Ihr praktiziert die Theorie.
Sagt, wie ihr die Form
     und die Schönheit gerne hättet,
die süße Psyche der Vernunft aus Träumen

und feurigem Schwung.
Mögen das Mammut und der Hirsch, die ich nicht
gesehen habe,
ohrenbetäubend in mein Viertel einkehren.

Im Oktober und der Wind

Die Blätter der Bäume wirbeln stürmisch in die Höhe.
Alle heben sich vom Boden als wären sie verhext,
gelb, rot, bis grau
kauern sie sich vor mir zusammen.
Ein unzähmbarer Nieselregen fällt auf die Stadt.
Orkan und Zyklon strecken ihre Schnauzen vom Norden
                                      her vor.
Der Besuch des Windes, im Oktober, lässt nicht auf sich
                                      warten:
Er küsst deine Lippen wie ein Vögelchen.

Was für ein sanftes Herz
hat der, der
Block um Block geht
und seine Liebe herbeisehnt.

Wie erhaben sind die Verwehungen im Oktober,
wie logisch.
Es gibt so viel Zärtlichkeit im Ausbruch der magischen
                                  Explosion
die einen russischen Winterpalast erschüttert
gegen traurige Prinzessinnen,
gegen fürchterliche Zaren
und gegen den Geist, der auf den Wimpern
einer alten Frau mit dunkel umrandeten Augen lastet.

Alle Wogen erheben sich und krachen auf den Malecón.
Überrumpelt rennen die Einwohner von Havanna nach
                                  Hause.

Die Autos meiden die Schläge des Meeres.
Der Lärm und die Kraft der Wellen
lähmen uns den Blick
mit dem wir die täglichen Dinge
betrachten.

Ein Segelboot in die Bucht einfahren sehen,
auf einem Pfeiler an der Bucht stehen,
mit dir aufwachen
im Oktober und der Wind
uns umtosend, uns streichelnd,
wie in jener schlaflosen, so heißersehnten Nacht.

Ein Wirbel von seltsamen Schreien
erschien an diesem monumentalen Nachmittag.
Die Heerscharen des Sommers sind verschwunden
da erklang eine Flöte von der nahen Küste,
zu dieser Stunde,
da die Dämmerung die Passanten einhüllt.

Sagt mir, ob es möglich ist
die Schaumkronen zu sieben
die das Meer auftürmt
wenn uns der Oktober, schweigend, erreicht
mit seinem tödlichen Wind.

So sagt es schon.

Was für ein unerlässlicher Oktober, und sein Wind der
                                    Bejahung,
und sein schmerzlicher Wind,
und sein Wind, der aussetzt und dann aufbraust,

und sein Wind der plötzlichen Böen und der Morgenröte,
und sein Wind der fernen Tränen,
und sein Pflanzenwind
der unsere Haare durcheinander bringt, geschwind,
                              mit seiner Diaspora,
wie bei den ewigen Bewohnern der Karibik.

Schlangengespräch

Auch dich haben sie mit einem Stock geschlagen,
erdrückt und bespuckt, sind immer auf dir
herumgetrampelt;
auch dich haben sie genüsslich getötet
und dir eine Verwünschung hinterhergeworfen, die bis heute
nachwirkt.
Sage mir nicht, dass du in der Stunde der Klage,
noch besitzergreifender warst als Angelica, meine Mutter.

Aber wenn du zwischen Maulbeerfeigen und Icaco-Pflaumen
mit deinem unverschämten Blödsinn begonnen hast,
gedenke wohl der Bitternis deiner Henker,
achte auf die Tränen und nicht ihr Jammern,
achte auf den Dolch und nicht seinen Griff,
höre nicht auf das Gebet und das stumme Wort des Herrn
und umfasse uns dann mit einem einzigen Blick,
wenn wir dich schon erreicht haben, heiter,
und wenn du aus deinem Traum aufwachst, fortgezeugt hast,
schüttele dich, schlage, beiße und töte auch du
da du schon fliegst und an deinem rechten Ort lebst.

Ich liebe meinen Herrn

Ich liebe meinen Herrn.
Täglich sammle ich Holz, um sein Feuer anzuzünden.
Ich liebe seine hellen Augen.
Zahm wie ein Lamm,
gieße ich Honigtropfen in seine Ohren.
Ich liebe seine Hände
die mich auf Gras gebettet haben:
Mein Herr beißt und unterjocht.
Er erzählt mir vertrauliche Geschichten, während
ich seinen ganzen Körper fächere, übersät von Geschwüren
                                    und Schusswunden,
von Tagen in der Sonne und Raubzügen.
Ich liebe seine Füße, die seeräuberisch
durch fremde Länder wanderten.
Ich reibe sie ein mit feinstem Puder,
den ich eines Morgens fand,
als ich aus der Tabakpflanzung kam.
Er spielte die Laute und aus seiner Kehle
erklangen sonore *copla*-Verse, wie aus der Kehle von Manrique.

Ein Marimbula hätte ich hören wollen.
Ich liebe seinen Mund, rot, fein,
aus welchem Worte kommen
die ich noch nicht ganz entziffern
kann. Für ihn ist meine Sprache nicht mehr die seinige.

Und die Seide der Zeit ist in Fetzen.

Als ich die alten Wärter reden hörte, lernte ich
dass mein Geliebter im Kesselraum der Zuckermühle
                                    Peitschenhiebe austeilt,
als wäre dies eine Hölle; die jenes Herrn Gottes,
von dem er mir unaufhörlich sprach.
Was wird er mir sagen?
Warum lebe ich in einer Behausung, so winzig wie für
                                    eine Fledermaus?
Warum bediene ich ihn?
Wohin fährt er in seiner prächtigen Kutsche,
gezogen von Pferden, die glücklicher sind als ich?
Meine Liebe ist wie das Unkraut, das mein Lager überzieht,
mein einziger Besitz, den er mir nicht nehmen kann.

Ich verfluche

dieses Musselin-Hemd, das er mir aufgezwungen hat;
diese nutzlosen Spitzen, erbarmungslos mir aufgehalst;
diese verfluchte Arbeit am Nachmittag ohne Sonnenblumen;
diese buntscheckige feindliche Zunge, die ich nicht zerbeiße;
diese Brüste aus Stein, die ihn nicht mal saugen lassen;
diesen Bauch, aufgeschlitzt durch seine ewige Peitsche;
dieses verfluchte Herz.

Ich liebe meinen Herrn, aber jede Nacht
wenn ich den Pfad jenes blühenden Zuckerrohrfeldes entlang
                                    gehe,
wo wir heimlich die Liebe betrieben haben,
sehe ich, wie ich ihm, wie einem Unschuldslamm,
die Haut abziehe mit einem Messer in der Hand.

Ohrenbetäubende Trommelschläge lassen mich
seinen Kummer, sein Klagen schon nicht mehr hören.
Die Glocken rufen mich ...

Lob des Tanzes

für Leo Brouwer

Der Wind bläst
wie ein Kind
und die Lüfte keuchen
im Wald, im Meer.

Du gehst ein und aus
mit dem Wind,
fachst die kalte Flamme an:
Mondschleier
entfachst du
und die Blumen und das Moos
flattern im Winde.

Und der Körper
am Rande des Wassers,
am Rande des Windes,
im ewigen Zeichen des Tanzes.

Die Trommel

Mein Körper ruft nach der Flamme.

Mein Körper ruft nach Rauch.

Mein Körper im Desaster
wie ein zarter Vogel.

Mein Körper wie Inseln.

Mein Körper neben den Kathedralen.

Mein Körper in der Koralle.

Das Wehen meines Nebelschleiers.

Feuer über meinem Gewässer.

Irreversible Gewässer
im Blau der Erde.

Mein Körper im Vollmond.

Mein Körper wie die Wachteln.

Mein Körper in einer Feder.

Mein Körper zum Opfer.

Mein Körper in der Dämmerung.

Mein Körper am helllichten Tag.

Mein Körper schwerelos im Licht,
in euerm Licht, frei, im Bogen.

Einfache Wahrheit

von einem befreundeten Bauarbeiter

An den Ufern eines Flusses bin ich geboren,
mitten auf einer kleinen Insel,
so kurz wie eine kurze Feder
des treuen tomeguín.

Glatt ist seine brennende Haut
grün sind seine Blätter beim Morgengrauen
und die Fische, wie das Leben
über den Algen.

An den Ufern eines Flusses lebte ich,
dort lernte ich meine Geliebte kennen,
dort wusste ich mich zu wehren,
dort verteidigte ich Grenada.

Ausgewählte Gedichte
aus den 1990er Jahren

Ruhmreiche Landschaft

Man sieht den Sturz des Ikarus in die Bucht,
blau und grün, von *Alamar.*

    Ein Tal, aus dem
ein Misanthrop mit Kapuze seinen Kopf reckt.
Obstbäume rings um die Gewässer
und ein kleines Männlein, allein, pflügend,
bis er sich im Regenbogen auflöst.

    Dieses Männlein
ist verwandt mit Breughel dem Alten, meinem Bruder,
der die Einsamkeit der Seele malt,
von prächtigen Bauern umgeben.

Es wird Abend, und ich nehme mir die Flügel von Ikarus.

Abwesenheit

Wenn ich Papier zur Hand hätte
baute ich ein großes Schiff
um mich aufs Deck zu schleichen
und nur auf den Bahamainseln an Land zu gehen
oder auf den Biminis,
was das Beste wäre. Ich werde
meine Route nicht unterbrechen, bis ich
in die vielschichtigen Gewässer der Arktis gelange,
um mein Herz zurückzulassen
zwischen den Fjorden und dem spröden Eis,
die es schützen werden
vor deiner fernen Abwesenheit,
vor deiner leidlichen Abwesenheit,
vor deiner Abwesenheit ohne Ende.

Reste von Coral Island

»Dieser Schrott, den man dort am Ufer sieht,
sind die Reste von Coral Island«,
sagte mein Vater,
verzaubert von den Säulen aus weißem Licht,
die sich von den rötlichen Zwischenräumen abhoben,
die vielleicht dem Bug dieses großen Transatlantikers,
der, sagt mein Vater, Coral Island war, als Fernglas dienten.
Wir fahren sitzend in einem alltäglichen Bus,
schnell und heiß wie dieser Monat Juli 1986.
Ich wollte ihn nicht fragen, weil es mir einen Stich ins Herz
                                                    versetzte.
Ein Schwarm Schmetterlinge hinderte mich ebenfalls
                                        Fragen zu stellen.
Mein Vater sah mich eigentümlich an.
Waren wir zwei eingestiegen,
um uns in jener Hymne der Vergangenheit wiederzuerkennen?
Mein Vater und ich einander ansehend, ohne etwas zu sagen.
Ich hatte nur Ohren für das Brechen der Wellen
gegen die Schutzbojen von Coral Island.
Und ich dachte an eine Liebesgeschichte,
an eine Leidenschaft vergangen auf Hundezähnen und
                                        Meeresschaum.
Eine verrückte Leidenschaft mausetot,
verflossen,
aus der sich nicht einmal mehr
eine Säule weißen Lichtes ergibt
und auch nicht das offensichtliche Wunder, das
einmal Coral Island hieß.

»Dieser Schrott, den man dort am Ufer sieht,
sind die Reste von Coral Island«,
wiederholte mein Vater, ohne mich anzusehen.

Schiffskarte

Ich sehe alle Gewässer
aus der Tiefe des Meeres,
und dort bist du wie in einem schnell abnehmenden
                                        Mondviertel,
und dort bin ich, wortlos, beweglich zwischen dem Schaum,
der bis zu deinem Herzen segelt.
Und zu unserer Liebe drängen
die vier Himmelsrichtungen vor
und die Reste von Kähnen und Schiffen, die es schafften,
den Schiffbruch eines Vierteljahrhunderts zu überleben.
Wir werden uns ein Leben lang weiter lieben.
Und wir werden unsere Köpfe
im dichten Gold der stummen Allee erheben
bis wir, erneut, am Ufer der hundert Meere ankommen.
Bei Flut dein Körper und der meine.
Dort, bei Ebbe, dein Mund und mein Körper und dein Glanz.
Auf dieser Schiffskarte gibt es keinen Platz für sie.

Stillleben

Ich liebe es, die Dinge in ihrem Licht
zu betrachten, ohne dass die Hand des Malers
(armer Rembrandt!) auch nur eine
ihrer Transparenzen berührt.
Ich liebe es, die Dinge
in den Tropen zu betrachten.
Was wäre die wirkliche Schönheit der Dinge?
Wo wäre die wirkliche Schönheit der Dinge?
Ein frischer Maiskolben und der Rauch, der sich
in den staubigen Gehölzen festsetzt
mit ihrem endlosen Flaschenmeer
und den kochenden Tiegeln des Sommers.
Die Säfte in den Krügen zu sehen
wie ein hängender Garten
von Babylon,
den ich jeden Morgen betrete.
Die präzisen Düfte der Vorspeisen wahrnehmen,
die Kind und Greisin mögen.
Und die feuchten Gläser
und die Kokosreste
und die Basare der Vergangenheit, die unscharfen Stiche
und, vor allem, die Spinnweben der Immortellen
die sich zum Himmel heben
und einen Regenbogen bilden.

Kirchturm gegen den Himmel

Wie stockt die Zeit,
wenn jemand liebevoll
einen namenlosen Kirchturm
gegen den klaren und kühlen Himmel
des Monats April betrachtet. Ein paar Zweige
schienen sich
im abgenutzten Kreuz zu verästeln.
Unten, nach oben schauend,
rauchten und warteten inbrünstig einige Gläubige
(oder Gott weiß wer).
Dort, im Zentrum, die verrostete Glocke
in tiefer Stille
und das weiße Licht
wo zwei Spatzen schaukelten.
Es war erschütternd, die angehaltene Zeit zu berühren.
Ich, wie über einen Abgrund gebeugt,
angesichts des warmherzigen Glanzes,
wie zwischen Himmel und Erde,
konnte nur den unendlichen Zauber betrachten
ohne mein Gewissen zu befragen,
bereit, den Augenblick
in die alten Steine des Hügels einzukerben.

In einer Sitzung

Für Toni Besteni

Benvenuto Cellini hat mir sein Licht geliehen
damit ich, von einem Gitter
riesiger Palmenblätter gestreift,
hinter einem Glasfenster, typisch
für die hohen Häuser des Vedados,
das Licht dieses Erdgeschosses betrachte,
in welchem der Himmel der meine ist,
während Laubstürme aus Havanna
über ihn hinwegfegen. Was für ein Licht, dieses Licht
eines vielleicht in die Falle gelockten Florenz'
zwischen goldgeschmiedeten Gefäßen
und dem Kult des Mannes und der Frau
gewidmeten Plätzen. Das Florenz der Künstler,
das ich nicht sah, das Rom der Maler,
das Siena der schönen Goldschmiede.
Ein Streit dringt an diesen Tisch
aus der Werkstatt von Lucagnolo
und lässt sich hier zu dieser Morgenstunde nieder.
Die Glasuren regen sich und steigen in einer Spirale auf,
die im Vers eines lateinischen Poeten endet,
der ohne Stock und ohne Gebete verstarb.
Endlich bin ich in Florenz angekommen
mit jenem gleichen Licht, das die Glasuren schmiedet
und die herrschaftlichen Schnallen und Gefäße, die
der Papst in Auftrag gab. Ein Geistlicher von jenseits der
Berge singt eine unbekannte Melodie. Ich bin beim
Geplätscher eines Platzes und eines Klosters angekommen
und Cellini erwartet mich mit seinen Händen und

Querpfeifen und Flöten und Zimbeln...
Ein Meer von Schönheit zwischen Cellini und mir und
dieser Sitzung, an der ich diszipliniert teilnehme.

Flasche ins Meer

Für Mario Benedetti und Luz

Eine Flasche Rotwein ins Meer.
Es ist drei Uhr nachmittags.
Eine Flasche Rotwein ohne Inhalt,
kaum noch die Reste jener Dünste,
die uns ins Unsagbare befördern.
Eine Flasche mit einer Botschaft
für wen?
Es war ein sehr weißes Papier
mit einer winzig kleinen Schrift bekritzelt,
fast unlesbar. Es las sich so:
»Ich schreibe auf diesem Papier
das ich in diese Flasche stecke
für Niemanden
und für alle – denjenigen
oder diejenige –
die mich lesen möchten
in den kommenden Zeiten.
Es springt ein Fisch aus dem Schaum
und reißt Bleistift und Papier
womit ich mich ausdrücke aus meiner Hand.
Beide rollen hinunter
und über das Meer
von Graphit
kommt eine winzige Galeone
und ein paar schwarze Menschen
geknebelt
schreiend
und ein Mädchen schön und allein

mit weit geöffneten Pupillen
und ein hässlicher aber verwegener kleiner Kobold.
Ich hatte diesen Zwischenfall
mit dem Atem des Salpeters aufgeschrieben
als das Blatt wie durch Zauberkunst
in meine Hände zurückkehrte …
Wen es interessieren mag:
Guten Tag, gute Nacht.«
Ein Flasche Rotwein ins Meer.
Es ist drei Uhr nachmittags.

Süden

Grüne Blätter, glänzend
in der Beharrlichkeit des Lichtes,
an einem Nachmittag so bekannt
wie die Handfläche.
Ein stummer Finger zeigt an, dass
du vor einem ebenfalls bekannten Stillleben stehst.
Zwischen den Blättern springt ein Eichhörnchen
benetzt von einem Blitz zwischen den Blättern.
Das gleiche Eichhörnchen
der importierten Postkarten
schaut hilflos zitternd.
Das kecke Eichhörnchen
neben den niedrigen Spielkarten
und dem Eichelkönig
zieht es zum Spiegel, den die Flüsse durchqueren,
über einen Tisch, der die Wege verbindet.

Träumereien

Ich schlief, wie die Eisbären schlafen,
ohne Erinnerungen und ohne jene Spiegel,
die in den Schlossgalerien die Runde machen.
Ein europäischer Rauch hob mich aus dem Bett
und schaukelte mich
und legte mich nieder zwischen dem feuchten Farn
eines fernen Turms, belagert vom Lärm
des Selbstgesprächs eines besiegten Kriegers.
Ich schlief, wie die flinken Eichhörnchen schlafen.
Die Brise des frühen Morgens konnte mich nicht schützen.
Ich schlief, wie eine Meduse in den Abgrund verbannt.
Dann geschah es, dass deine Liebe erschien,
verwandelt in wunderbare Bücher,
in denen wir dem Brand der Bibliothek von Alexandria
beiwohnten … und eine alte Sanduhr
wischte uns aus der Zeit und brachte mir dein magisches
                                        Antlitz,
das zitterte im Dunst des Himmels,
das über die Ströme hinweg flog,
mich in die Windungen des Vergessens versenkte.
Ich schlief, wie die Regengüsse auf dem Meer schlafen,
wie deine Augen schlafen, wenn du neben mir bist.

Alkazar

Zum Himmel schauen
und spüren, dass wir auf einem Schiff wie auf einer Hyperbel
durch die Zeitalter hindurch segeln. Am Bug zwei Flüsse,
die rauschend zusammenfließen. Im Zentrum
eine Kathedrale aus feinem Schaum.
Am Heck das römische Aquädukt,
auf seinem Bett aus Farn.
Aber was am meisten glänzt
am blauen Himmel der Alkazar
ist nicht der Vogel, der vorüberfliegt,
sondern die traurige segovianische Fauna Antonio Machados.

Augenblick

Gestern verstand sie nichts von Mathematik,
sondern liebte es, eine Geschichte über Afrika zu lesen,
wo man über Dinge wie Handel und Galeonen erzählte.
Heute hat er eine neuntägige Andacht fürs Ballspiel gestiftet
und im kleinen Provinzkrankenhaus Blut gespendet.
Sie lief eine ganze Strecke
und er ging herrliche Jakobsmuscheln kaufen
auf einem Markt.
Er träumte von Indianerinnen, die am Flussufer wuschen.
Sie ging zum Eisschrank
und, mit einer fast verbotenen Lust,
verschlang sie die Muschel, die er
auf dem Markt erstanden hatte.
Es ist nachmittags zehn nach vier.
Beide schauen in die gleiche Linse
und haben die gleiche Hoffnung geteilt.

Wieder, die Alkazar

In seinem Zenith,
damit wir nicht vergessen,
die Zelle des dem Wahnsinn verfallenen Liebhabers,
den Pavillon der Verbannten,
die Wendeltreppe
zum Turm der Folter.

Annäherung an Théophile Gautier

Die Margeriten genügen mir nicht.
Es genügt mir nicht ihre Reinheit zu bewundern,
weder genügt mir die Farbe ihrer Blütenblätter
noch das schwüle Parfum, das ihre Knospen verströmen.
Die Margariten
genügen mir nicht.
Nicht die Blumen.
Keine einzige Blume genügt mir
in Anbetracht der inneren Unruhe zu wissen, dass ich, morgen,
fern dieser Gärten gestorben sein werde.

Nachahmung von Juana Borrero

Für Pedro Simón

Ich will dieses Restaurant betreten
erbaut wie eine Luftspiegelung,
auf den schwarzen Riffen,
auf dem verstummten Dunst
endloser Ketten unter dem Meer.
Ich will, dass man mir die ziselierte Tür öffnet,
und mich an einen eisernen Tisch setzen,
dessen besticktes Tischtuch
mich an die Spitzen meiner Großmütter erinnert
und mir diese nächtliche Schwelle
bis zum Delirium begehbar macht.
Ich will,
im Schatten einer Bougainvillea,
mich an einen schmachtenden Vers der Traurigen
                              Jungfrau erinnern
(zum Beispiel »die Erinnerung an die ruhigen Tage«,
wo ging sie hin?)
und dann die Langustenschwänze meiner Insel verschlingen
mit ihrem Geschmack flüchtigen Feuers,
mit ihrer schuldhaften leichten Transparenz.
Ich will mit meinem Geld zahlen,
aber ein Schrei kommt vom Horizont
vom salzigen Leib des Morgengrauens,
feuchtkühl durch eine Nachtluft der Traurigkeit.
Für jetzt ist es mir nur gegeben
den Kopf zu heben,
um die Brise der Wellen einzuatmen,

um den weißen Schaum über deine trockenen Augen
fließen zu lassen,
deine Augen, die sich schon über nichts mehr wundern.

Pogolotti

Für Graziella, selbstverständlich

Bevor es der Name eines Malers war,
eines großen kubanischen Malers,
war Pogolotti, in meiner Kindheit,
ein mit Unkraut übersäter Pfad,
der zu einem großen Landhaus führte,
hoch und langgestreckt,
mit einem Innenhof von Holzzäunen,
alt und dünn geworden, mit Kürbissen und trägen Yagrumas
und einem aufregenden Geruch nach Ziegendreck.
In Pogolotti verbrachte ich so viele Sonntage
mit Süßigkeiten unter den Mangos,
mit Zucker und Honig für Neugeborene,
von »Geht noch nicht
denn jetzt kommt Silvio,
um die Mädchen zu sehen.«
Alles sang zur Mittagstunde,
als die Schornsteine der kleinen Fabriken
ihren Rauch hoch aufsteigen ließen
wie ein Gebet gegen den Sturm
und die verborgene Notwendigkeit.
Madrina umarmte mich
und ich schaute auf die nicht asphaltierte Straße
während arbeitslose Hafenarbeiter vorbeigingen,
Hafenarbeiter, gepeitscht durch das industrielle Pfeifen
der Fähren an den Kais.
Wie auf den mexikanischen Wandgemälden
zersplitterte das Licht,
die Gewässer kochten unter einem prunkvollen Vollmond,

das Blei der Dreher fiel in die Seele
wie eine aus dem Lot geratene Blutbahn ins Leere.
Plötzlich, viele Jahre später,
verflüchtigten sich jene Schornsteine,
jene rohen Muskeln, für immer und,
endlose Sonntage später, wurden sie wiedergefunden
auf den Gemälden von Don Marcelo,
schlafend in ihrer träumerischen Wachsamkeit,
in meiner fernen Kindheit,
zwischen der Avantgarde und den Klassenzimmern,
zwischen Marinetti und Prévert,
zwischen dem schattigen Korridor eines Museums
und dem Innenhof der Ziege.

Antonia Eiriz

Antonia Eiriz
machte die Träume
der Nacht greifbar.
Sie ließ kleine
Tiere und Sirenen fliegen
mitten in der Dämmerung.
Sie bevölkerte die Insel mit Puppen ohne Ende
und ließ sie zwischen den Stadtteilen dahinrollen,
Laub ausgeschüttet mit liebevoller Sehnsucht.
Ihre Pinsel sind eine lebende Kurve
von Tinte und Papier und hier sind sie,
um uns über den Morgen zu erzählen.
Antonia Eiriz lächelt
und der Flötenspieler von Hameln
kommt schon und sucht sie
und beide springen, springen,
wie zwei gute Könige
vor ihren verzauberten Heeren.
Antonia Eiriz zeichnet
für alle Vögel des Ortes.

Die Handwerker

Zur Erinnerung an Lidia Lavallée

Lidia, schau
diese Hände, so weise und fleißig,
die mit Fäden, Rosen und Papier jene prächtigen Welten
komponieren, die du uns entdecken ließest,
bis wir sie liebten und alle Tage brauchten.
Lidia,
wo du auch bist,
mit deinem unverwechselbaren Hut,
schau diese Kreaturen, ungeschminkt, aus Prunk und
Zuneigung gemacht,
schwebend in der Stille des Morgengrauens,
zwischen dem wilden Duft der Komparsen,
über den Dächern von Ayestarán
und dem Staub von Juanelo.
Lidia,
wie hast du uns
so viel Schönheit,
so viel städtisches Glück
hinterlassen können, wenn du nicht
in den feinen Kurven,
die die Finger der Handwerker glätten,
die die Kabbala und den Edelstein lieben, zu finden bist?

Lidia, ist es möglich?

Ohnmächtige Chronik
vor einem Baum der Auswanderungen

Mich interessieren die Frangipanis
die, ohne zu fragen, wohin wir gehen,
dem Schritt der Abenteurer Schatten spenden
in diesem unverwundbaren Vedado,
geborgen in seiner eigenen Spirale
der komfortablen Jahre und Breiten.
Seit geraumer Zeit
habe ich verstanden, warum
die Frangipanis mich fesseln.
Ein Dichter meiner Generation enthüllte mir ihre Wanderlust
und die Einzigartigkeit ihrer Blume
und ihre Kühnheit im Raum.
In einer Chronik, erschienen in einer Tageszeitung der Stadt,
sprach man liebevoll
von diesen Bäumen, die man Frangipanis nennt
und die dir, Wanderer,
diesen chinesischen, modernistischen, elegischen Schatten
                                        hinterlassen.
Ich liebe die Frangipanis, ohne zu fragen, woher sie kommen.

Intuition

Wie kommt es, dass ich quer durch den Wind gehen
und mich fragen kann, ob dieser Wind
jene Freiheit ist, deren Namen wir
im Kinderheft,
das ich heute entdeckt habe, notiert haben
wie eine Mondlandschaft, erleuchtet
von Polarschatten, für andere Augen gemacht,
die nicht die meinen sind?

Elegie für einen 7. August

Die Landschaft und die Theater
verschwanden aus meiner Sicht,
auch an den Passanten gingen sie vorbei,
obwohl alles, was mir geschieht,
ihnen fremd ist.
Wenn ich jetzt sitzen könnte,
am Grab von Juancito,
das ruhig sein, das stumm sein muss
und still, umsäumt vom frischen Gras,
wie das Grab von Boris Pasternak in der Nähe von Moskau.
Du warst es, der die sympathischen Melodien
aus den Stadtteilen von Havanna mitbrachte und das
Lachen der tausend gut besuchten Kneipen,
das Summen, wie ein Segelwerk, von allem, was wir waren,
dort in der toten Gitarre von María Teresa Vera
und Ángela Domínguez.
Was tun am Grab eines Verstorbenen,
dessen Atem die Feste von San Cayetano
in Madrid durchzieht? Onkel Juan. Mein geliebter Onkel Juan.
Trauer im Sand und in den Tagen.
Du wirst hier sein in deiner Abwesenheit ohne Ende.
Ich werde dort sein, wo du deine Heiterkeit hast unterbringen
                                                können.
Zwischen dem Hier und dem Jenseits werden die Feste
von San Cayetano in Madrid andauern.

Oregano

Beim Schiffbruch der Barkassen
verlor ich den Duft von Oregano
ausgesät
in einer alten Zuckerfabrik von Marie-Galante.
Der Pirat kam
und nahm seinen Geruch
nach Erde und Pflanze mit.
Die Algen des Seetangs werden kommen,
um erneut ihre Wurzeln zu schlagen
– jetzt verwelkt aber standhaft –
eingeritzt in den moosbedeckten Fels
eines tausendjährigen Traums.

Der Trottel auf dem Hügel

Für Pavel Urquiza und Gema Corredera

Hoch oben auf dem Hügel,
wo wir genau
das äußere Ende eines abnehmenden Mondes berühren,
wird das Lied geboren, das wir,
jahrhundertelang, von Mangrove zu Mangrove,
in jedem Hafen neu erwartet haben.
Nur dass du, wenn du umherschaust,
den aufdringlichen Kot der Seevögel berührst,
deren Gesang sich mit dem uralten Lied unserer Ahnen,
unserem Lied, vereint.
Der Wind schaukelt das Gras,
während wir zum Kai hinuntergehen.

Vor einem Spiegel

Für Sonia Rivera Valdés

Wenn du dich entschließen würdest, die Stadt zu verlassen,
deine Stadt,
auf der Suche nach neuen Horizonten,
nach Glück
oder vielleicht nach einer beispiellosen Leidenschaft,
wird die Stadt, diese Stadt,
ihrer Ruinen noch nicht bewusst,
dir auflauern
und deinen Schritten folgen.
Eines heißen Nachmittags
(du auf den Brücken
irgendeines wasserreichen aber fremden Flusses)
wird unsere Stadt,
unter einem eigenartigen Geruch,
die vergangenen Jahre
vor und nach Christus bestatten.
Es gibt kein anderes Land, keine andere mögliche Stadt.
Wenn der Tag anbricht, gibt es keine Dämmerung.
Wenn die Parks blühen,
übersät mit farbenfrohen Tulpen,
dann bringt der Boulevard die Düfte
deiner Lieben
und, vor allem, deiner Toten.
Wenn du dich entschließen würdest zu gehen,
werden die Häfen und die Buchten
und die Gärten der Königin
dich mit ihren Schiffen begleiten.

Du wirst die gleichen Gassen durchstreifen,
die archaischen und dösenden Stadtteile
mit der Indolenz ihrer Bars;
nicht ein einziger Vers von Blaise Cendrars wird es wert sein
und sogar die Zimmer deines versiegelten Hauses
werden dich mit der qualvollen Kadenz des Betrugs belagern.
Wohin du auch gehst
wirst du den gleichen Ruf der Morgenstunde hören;
das gleiche Schiff wird dich über die gleiche Route
der ewigen Auswanderer bringen.
Nichts wird dich irgendwo bleiben lassen.
Auch wenn du um die ganze Welt geeilt bist,
von Schloss zu Schloss,
von Markt zu Markt,
wird dies die Stadt all deiner Gespenster sein.
Du wirst dein Leben ein wenig nutzlos verbracht haben
und wenn du schon alt bist,
vor einem Spiegel wie dem von Aschenputtel,
wirst du etwas traurig lächeln
und in deinen trockenen Pupillen
wird es zwei treue Felsen geben
und eine klangvolle Ecke deiner Stadt.

Verbene

Die grüne Verbene blüht in den Blumenbeeten.
Sie braucht keine spezielle Chemie.
Es ist nicht nötig, dass ein Rechner sie programmiert.
Die blühende Verbene braucht nur ein Paar heitere Augen,
ein Paar Hände, die das Wasser des Herzens verschütten
oder Regen vom Himmel
und eine Jahrhundertwende Geduld, die sie uns bewahrt.

Ana Mendieta

Ana war zerbrechlich wie der Blitz am Himmel.
Sie war das zerbrechlichste Mädchen von Manhattan,
immer leuchtend durch die Herbstregen,
ihre Geschichte verglüht in den allertraurigsten
                                        Eifersüchteleien.
Von einem Balkon aus öffnete Ana die Fenster,
um sich hinauszulehnen und die Menge vorbeigehen zu sehen.
Es waren Schatten, wie aus Sand und Lehm,
die auf ihren Füßen gingen. Es waren Schattenrisse,
wie ein Heer von schweigenden Ameisen
zerstreut im ewigen Wind der Fastenzeit
oder in einem kristallenen Gebäude.
Ana liebte diese Figurationen,
da sie ihr Erinnerungen brachten,
alte, wohlklingende, süße Erinnerungen
einer gewissen Straße des Südens, im Vedado.
Ana, in die Leere geschleudert.
Ana, unsere, der Verzweiflung,
du selbst eingemeißelt in den feindseligen Zement des
                                        Broadways.
Eine Wüste, wie die Wüste,
die du in den Waisenhäusern fandest,
eine gelbe und graue Wüste holt dich ein
und wirft dich durch die Luft.
Unter dem Balkon von Ana fahren Züge vorbei, eilig
wie das Wasser durch die Rinnen floss
in einer anderen Zeit
quer durch jenes winzige seltsame Dorf
der grünen Pappeln und der brennenden Straßenlaterne.

Über den Balkon von Ana, von edlem Ruf in Havanna,
fliegen die schützenden Schmetterlinge,
fliegen die einfachen Schwalben, die,
wie üblich, wie man weiß, wie gewohnt,
in die großen Städte ziehen, aufgewühlt durch Komfort
                                        und Entsetzen.
Ana, eine Schwalbe flattert um dein schwarzes Haar
und ihr argloser Flug sagt deinen Tod voraus

                        Ana

Eine Schwalbe aus Sand und Lehm.

                        Ana

Eine Schwalbe aus Wasser.

                        Ana

Eine Schwalbe aus Feuer.

                        Ana

Eine Schwalbe und ein Jasmin.

Eine Schwalbe, die den trägsten der Sommer erschuf.
Eine Schwalbe, die den Himmel von Manhattan durchkreuzt
hin zu einem erdichteten Norden, den wir nicht erahnen
oder uns vorstellen können, noch weiter nördlich von
so vielen vergeblichen Wahnvorstellungen.
Ana, zerbrechlich wie diese lebenden Kreuzchen,
die in der Kuppel mittelalterlicher Kirchen nisten.
Ana, von neuem in die Witterung von Iowa geschleudert.
Ein schwarzer Nieselregen fällt auf deinen Schatten.

Deine schlafenden Schattenrisse wiegen uns
wie die höchsten Göttinnen der Ungleichheit,
wie die höchsten Göttinnen der neuen Pilger
vom Westen.
Ana, die Schlichte. Ana, die Lebhafte.
Ana mit ihrer verzauberten Waisenhand.
Ana, die Schlafende. Ana, Goldschmiedin.
Ana, zerbrechlich wie eine Eierschale
zersplittert auf den riesigen Wurzeln eines kubanischen Ceibas
mit dunklen Blättern, von sehr dichtem Grün.

Ana, in die Leere geschleudert.
Ana, wie ein Papier-Drachen im Gleitflug
über die roten Dächer der Residenzen des alten Cerros.
Ana, was für strahlende Farben sehe ich
und wie ähneln sie bestimmten Bildern von Chagall,
die du gerne bis in jede Galerie der Erde
verfolgtest.
Deine Schattenrisse, im Schlaf,
richten den bunten Drachen steil auf,
der, aus Iowa fliehend, die einheimischen Zypressen umsegelt
und sich auf eine bestimmte Nebeldecke
der Anhöhen von Jaruco setzt, in deren feuchter Erde
du wiedergeboren wurdest, eingehüllt in himmlisches Moos,
das den Felsen beherrscht und die Höhlen des Ortes,
der deiner ist wie nie zuvor.

Papagei, der Manrique durchkreuzt

Für Chique Salsamendi

Plötzlich wird ein winziger Papagei
seinen Schnabel durch Manrique bewegen
und entsetzt krächzt er und schlägt blind um sich,
vielleicht auf der Suche nach irgendeinem Ziel.
Das Grün und Blau seines Halses
platzt angesichts der Karotten,
der Kresse und der Kopfsalate.
Zwei schwarze Frauen kommen näher,
aus der Menge,
in einem Wirrwarr von schwingenden Hängematten,
gewiegt vom Wind des Golfstroms.
Ein Zeitungsverkäufer
kann kaum seine Zeitung ausrufen,
absorbiert von dem Glanz des Papageis
und der natürlichen Schönheit der schwarzen Frauen.
Die Manrique ist eine Skizze von Landaluze
und der Verkäufer bleibt stehen
wie jemand, der gerade einen ganzen Zoo entdeckt hat.

Peñalver 52

Die nach unten gedrückte Kante der Steine,
die keine Steine sind,
sondern staubiger Streusand und Moos,
ruht auf der Sternenpatina der Drähte
verstrickt wie im Trapez eines armen Zirkus'
und rückt in Zeitlupentempo näher.
Eine Landschaft erstreckt sich vor meinen Augen,
wie nach einer Schlacht,
die meinen Kopf in dieses Leben versetzt,
vor diese Wände
durchsetzt von Feuchtigkeit.
Es sind einige dunkle, bräunliche, schwarze Flecke,
durch Regengüsse endlosen Zements in die Enge getrieben
dahinstreichend durch den geliebten Raum.
Eine Landschaft erstreckt sich vor meinen Augen,
wenn ich die Atmosphäre von vier Jahrhunderten einatme
und ein Chor von verschlüsselten Bildern in meinen Traum dringt
über die wurmstichige Haut der Eidechsen des Hoftors,
wo einige Vögel flattern und tschilpend
hoch in den Morgen fliegen.
Es gibt eine reine Seele zwischen den hängenden Kabeln von
Peñalver 52
– unentschlossen, verblüfft –
die tun, als seien sie vollkommene
Bogen der schlafenden Stadt.
Stadt von mir, meine Stadt
von allen diesen Monden und tausend Morgenröten;
Wie kannst du noch atmen
und in deine Brust jene Vögel aufnehmen,

die von den Kabeln herunterkommen,
an deiner Seite nisten,
sich festsetzen in meiner starren Pupille,
zwischen den häufigen Böen,
womit der Wind dich streift?
Ein gelbes Staubkorn,
flüchtig, trügerisch,
erwählt dich unter allen möglichen Prinzessinnen.

Das Café der Dichter

Es kommt der schwarze Nektar der Bewohner der Antillen
zwischen den Spalten und den azurblauen bemalten Kacheln
des alten Cafés der Dichter hindurchgesickert. Ein Zittern zeigt
die Unruhe des Kellners, nackt, mit einer Serviette über
dem Arm und man hört das Lied von Patricio Ballagas
aus einer schwarzen Konsole, gegenüber dem Café,
aufgestellt hinter einem Fenster der Stadt.
Ein Fächer und eine Laute beenden den Durchzug der Esel.
So ist der Gedanke und sein Klang in der Seele von Teofilito.
Ich höre den Alarm der Feuerwehrmänner: ein säkularer Brand
kündigt die Konvergenz zweier Epochen an:
Schultertücher aus Manila
und herunterfallende Plakate von Muñoz Bachs vom Giebeldach.
In dieser Stadt gibt es schon kein Café mehr für Dichter, auch
nicht für dich oder für die Troubadours, die das Bild
der Heiligen Cäcilie anrufen
während sie auf ihrer Gitarre und Laute spielen, und auch
nicht für den durstigen Soldaten der Miliz,
aber dann kommt das Schattenbild von Julián del Casal,
der sich zu einer sterbenden Comadrita setzt.
Das ganze Muster der alten Balken des schmierigen Daches
ist ein Ozean von Termiten
aber die Comadrita schaukelt weiter
und ein Kutscher im Smoking kommt vorbei und lässt seine
                                        Schelle klingeln
auf einem Wagen zerschlissener Monde, eine neapolitanische
                                        Melodie lallend
»torna a Sorrento« und es strahlt ein weißes Licht wie immer
atemberaubend, mächtig, flammend für immer,

das die feuchte Begierde der Dichter überfällt,
die wir hier zusammensitzen, wo es bereits nichts mehr gibt
außer den Dichtern selbst und ihren Versen
und dem Duft des schwarzen Nektars der Tagelöhner und der
                                    Zuckerrohrschneider.
Weder betrachte ich einen Stich von Laplante noch einen
                                    Druck von Elias Durnford.
Auch stehe ich nicht vor einem Wasserfall des kalten Nordens,
sondern vor einer Kaskade hellleuchtender Metaphern
und ich schaukle mich wieder inmitten eines Schulhefts,
dessen vergilbte, mit Gold eingefasste Blätter mich begleiten,
umgeben von Licht und von Dichtern ohne Tische, ohne
Stühle, ohne Café, bis die Kamera des Touristen auftaucht
und uns festhält
vor der wiedergefundenen Ewigkeit.

Frau mit Fisch

Zur Erinnerung an Luis Martínez Pedro

In Sichtweite eine dunkle Frau,
die näher kommt
mit einem einzigen Fisch.
Sie hält ihn gefangen in ihrer Faust,
als wollte sie verhindern, dass ihr der letzte der Mohikaner
aus dem Ofen entkommt.
Auf den ersten Blick sind ihre fünf Finger
ein großer Käfig für den Fisch.
der, mit einem wachen Auge, mit dem Kopf wackelt
und flattert und träumt von Strömen lebendiger Algen
und großen Delphinen und Lotusblumen
vor einem azurblauen Hintergrund mit tausendjährigem Kai
von dem aus es weiterzureisen gilt,
bis der arglose aber unversöhnliche Angelhaken
ihn erkennt und abfängt
mitten auf dem Weg zu den Küsten von Key West,
über dessen Sand ein Sonnenuntergang sich schmachtend
                                    dahinzieht
gleich einem Ölbild mit Palmen von Gregorio Valdés.

Zeichnung

Außerhalb der Stadt
gibt es einen schmalen und staubigen Weg;
trocken, seltsam trocken und, gerade deshalb
erhält der Staub mehr Phosphoreszenz: ein trockener Staub,
der sich in den Ausdünstungen des Körpers festsetzt.
Ein feindseliger Dschungel erscheint;
der Dichter erblickt ihn oder, besser gesagt,
ich will sagen, erblickt
die hagere kleine schwarze Frau, die sich an der Schleife der
Linie 7 festhält, als möchte sie allen heftigen Angriffen
dieses Moments widerstehen,
einfach so, ohne weiteres, den tödlichen Schlägen widerstehen.
Ich sprach von einem feindseligen Dschungel und vergaß
                                        zu sagen,
dass er grün ist, von einem Flaschengrün, einem Meeresgrün,
einem Aquagrün, einem Flussbettgrün, einem grünen
                                        Kristallberg,
der sich im Rauch verzehrt.
Sogar so, San Francisco de Paula, hast du mein Herz erobert
mit deiner einzigartigen Präsenz, und dein massives
treibhausähnliches Laub
erinnert mich an die Präzision von Ernest Hemingway,
der vielleicht in deiner Dichte einen Hauch der Wälder von
Michigan gewahrte. »Wie die Wälder von Michigan wohl aus-
sehen?« fragt sich die hagere kleine schwarze Frau,
die sich in Bewegung setzt, um einen freien Platz zu ergattern,
den einzigen freien Platz zu dieser Mittagstunde.
Die Frage ist müßig, weil die Grüntöne von San Francisco
de Paula sie ersetzen und besiegen mit ihrem offensichtlichen
                                        Glanz.

Die Sache ist,
dass dies eine Zeichnung ist, fast eine Daguerreotypie.
Das Universum von Hemingway und das der kleinen
                                    schwarzen Frau
sind verschieden,
aber haben sich an einem und demselben irdischen
Schauplatz abgespielt, wo das, was zählt,
die Lust zum Leben ist
allem zum
Trotz

Marina

Vor den vor Anker
liegenden Schiffen,
steht eine Wahrsagerin,
die die Stunde Null erwartet
und ihren Hut
auf die Kaimauer legt.
Eine Kutsche kommt vorbei,
von einem knochigen Pferd gezogen,
vorbei an den vor Anker
liegenden Schiffen.
Die Wahrsagerin schaut sich um
und sieht die Augen des knochigen Pferdes
ohne Reiter und ohne Ziel
vor den vor Anker
liegenden Schiffen.
Es gibt ein knochiges Pferd
und eine Frau, die das Fallen
der Nacht erwartet,
ohne eine Dahlie in den Händen
vor den vor Anker
liegenden Schiffen.

Ausgewählte Gedichte
ab dem Jahr 2000

Der vergoldete Stuhl

Loló Soldevilla zum Gedächtnis

Ich bin eine kleine Frau ohne Gesicht
die auf der Spitze eines Felsens sitzt,
den Blick nach unten auf eine Landschaft,
in der ein Fluss und zwei Meere aufeinandertreffen.
Ich kann nicht anders, ich muss sie ständig betrachten:
ein Fluss für zwei Meere, zwei Meere für einen Fluss;
bis der Schrei eines Albatros,
weit über den Wolken, sie aufweckt.
Ich kann nicht sprechen, habe keine Hände.
Eine uralte Peitsche hat sie Stückchen für Stückchen
                                        abgehackt.
Kaum erkenne ich die neu erlernten
        Worte.
Kaum habe ich eine Sprache für »Guten Tag«
und »Gute Nacht«.
Alles ist unermesslich um mich herum.
Alles ist immens wie mein Wuschelhaar
und die bestialische Behandlung meiner Großeltern.

Meine Großmutter Brígida, ertränkt in der Tinte der
        Notare,
aber unbesiegbar, umtriebig und klein;
tätowiert im Gedenken an die Wachteln,
dort in Ciego de Ávila;
festgehalten in der Furie der Turbinen
in denen Felipe Morejón Noyola sich einnistete;
festgehalten im Gedenken an Aida Santana, mit ihrer
                                        Axt aus Honig,
festgehalten in meinem eigenen Herzen.

Meine Großmutter Ángela, durchgeprügelt, doch singend,
dezimiert durch vierundzwanzig Geburten,
ins hintere Zimmer geworfen mit ihrem traurigen Lied,
vor die Hunde geworfen,
in den frühen und überstützten Tod,
wie alle frühen Tode,
aber ein Lied singend ohne Namen
in einem Schaukelstuhl, neben María Teresa,
»mit ihren faszinierenden Minneliedern, die ich
lernen möchte«.

Tot sind meine beiden Großmütter
die ich nie kannte.
Tot, rücksichtslos, meine beiden Großväter
die ich ebenso wenig kannte.

Das Laub der Weiden beruhigt meine Unruhe.
Die Vögel pfeifen.
Sitzend vor diesem Schaum,
sprudeln die Erinnerungen am Colegio Academia Laplace:
Die beste Schülerin der vierten Klasse
führt sich wie ein freches schwarzes Hühnchen auf
dessen Brüder gelbe Hühnchen waren, alle,
aber das schwarze Hühnchen war das Ungehorsame,
der Übertreter, wohl der wirklich Schuldige.
Dieselbe Schülerin
– die nicht an der Sorbonne studieren durfte
dank einiger schräger Kriterien, weislich
          versteckt
und, vor allem, dank der Machenschaften verschiedener
                                        schäbiger Personen,
die beweisen wollten, dass es ungebührlich ist,

dass ein schwarzes Hühnchen es wagen würde Paris zu betreten –
nie konnte es mehr sein,
nie würde es mehr sein können als jenes schwarze Hühnchen.
Ich bin eine kleine Frau ohne Gesicht.
            Es kam der Juli-Wind.
Sie hatten einen sehr alten Besen und eine Pfanne für mich
            bestimmt,
den letzten Platz in der Schlange,
Mundhalten und bewusstlose Unterwerfung.
Sie gaben es mir heftig.
Auch mich schlugen sie mit einem Stock.
Gesegnet seien der Besen und die Pfanne,
der letzte Platz in der Schlange,
Mundhalten und scheinbare Unterwerfung.
Ich bin eine kleine Frau ohne Gesicht
und sitze auf der Spitze eines Felsens
und die *güijes* heulen in der Nacht
aufgeschreckt durch den Juli-Wind.
Ich bin wer ich bin auf einem vergoldeten Stuhl.

Träume sind politisch

Ganz weit weg, zwischen dem blauen Meer, das sich hin und her bewegt als wäre da unten ein kleiner geölter Motor, ganz weit weg erhebt sich eine mittelgroße Stadt.

Ich stehe diesseits einiger großer Pfeiler, die ein Anlegeplatz waren. Dort stehe ich mit meinen Eltern. Hinter meinen Eltern stehen viele schwarze Menschen und betrachten die mittelgroße Stadt. Sie haben ihre Gesichter auf das Kinn gestützt. So beschaulich sind die dunklen Menschen, dass ihr Blick ganz perplex scheint. Auch ich betrachte sie aufmerksam.

Zur linken Seite gibt es noch einen Anlegeplatz. Und, auf das tyrannische Meer hinaus, die Reste einer Bar. Die schwarzen Männer und Frauen tanzen arhythmisch auf einen *Son* von Benny. Wir, auf dieser Seite, blicken jedes Mal erstaunter hin. Auf einmal bewegt sich das Meer. Die Bar im Meer entfernt sich und kommt näher. Sie fällt und steht auf. Ich falle und stehe auf. Alle Pfeiler schwanken. Wir, schwarze Menschen, sind eine unförmige Masse. Meine Mutter fällt und steht auf. Mein Vater steht auf und fällt. Ich strecke meine Arme, um sie festzuhalten und zu verhindern, dass sie untergehen. Oh, Liebe. Mama hat ein trauriges Gesicht und einen unbestimmbaren Blick. Sie klagt nicht, aber ich fühle, dass sie sehr leidet. Mein Vater ist der einzige Stoiker. Das Meer ist schon kein Meer mehr, sondern Schlamm. Es erscheinen Anker, Wasserpflanzen. Die schwarzen Männer sind Arbeiter. Die Arbeiter sind Algen. Was macht das aus? Wir sind der große Strudel. Ein immenser Strudel.

Person

Welche von diesen Frauen bin ich?
Oder bin es nicht ich, die redet
hinter den Gittern eines schlichten Fensters
mit Aussicht auf die Fülle aller dieser Jahrhunderte?
Werde ich vielleicht die große schwarze Frau sein,
die rennt und beinah fliegt
und astronomische Rekorde erzielt,
mit ihren himmlischen dunklen Beinen
wie Mondspiralen?
In welchen von ihren Muskeln spiegelt sich mein Gesicht,
dort festgenagelt wie ein importierter elfsilbiger Vers
aus einem Land, wo es keinen Schnee gibt?

Ich stehe am Fenster
Und da geht die Frau von Antonio vorbei:
»die Nachbarin von gegenüber«, aus einer unscheinbaren
Straße:
»die Mutter – die Schwarze Paula Valdés –«.
Wer ist der feine Herr, der
für ihre Kleider und Speisen
und ihre wohlriechenden Parfüms aufkommt, deren Duft
sie im Gehen verströmt?
Was bleibt in mir von jener Frau?
Was eint uns beide? Was trennt uns?
Oder werde ich die Vagabundin sein, die »beim Morgen-
rot umherstreift« und Taxis nimmt,
nachdem sie in der Nacht der Jaguare gejagt wurde,
wie ein Reiher ausgestreckt auf dem Straßenpflaster,
    und ausgebeutet
    und wieder verkauft

auf der Quinta de los Molinos
und den Anlegeplätzen im Hafen?
Sie: Wer sind sie? Oder bin ich es selbst?
Wer sind sie, die mir so sehr ähnlich sind,
nicht nur wegen ihrer Körperfarben
sondern wegen jenes verheerenden Dampfes,
den unsere Haut ausdünstet wie beim Vieh,
gezeichnet durch ein eigenartiges Feuer, das nicht erlöscht?
Warum gibt es mich? Warum gibt es sie?

Wer ist jene Frau
die in uns allen steckt, von uns allen wegflüchtet,
weg von ihrer rätselhaften und weit entfernten Herkunft
mit einem gottlosen Gebet zwischen den Lippen
oder mit einer gesungenen Hymne
immer wieder von neuem geboren nach einer Schlacht?

Meine Knochen, sind sie alle von mir?
Wem gehören alle meine Knochen?
Wurden sie für mich gekauft
auf jenem weit entfernten Markt von Gorée?

Meine Haut, ist sie ganz die meine
oder haben sie sie mir im Tausch
die Knochen und die Haut einer anderen Frau gegeben,
deren Bauch einen anderen Horizont markierte,
ein anderes Wesen, andere Geschöpfe, andere Götter?

Ich stehe am Fenster.
Ich weiß, dass es jemanden gibt.
Ich weiß, dass eine Frau meine Knochen und mein
Fleisch besitzt;

dass sie mich gesucht hat in ihrer verlebten Brust
und dass sie mich gefunden hat, unglücklich und verloren.
Die Nacht ist in unserer Haut eingegraben.
Die Nacht, weise, fügt ihre und meine Knochen wieder
                                        zusammen.
Ein Vogel des Himmels hat sein Licht in unsere Augen
                                        verpflanzt.

Gesänge

Seit dem Hohelied
wollten viele die Poesie verbannen
aber das Hohelied
und das Heulen der Giraffen im Dschungel
retteten sie, streichelten sie,
nahmen sie sanft an die Hand
um sie der flüchtigsten Sekunde von heute zu überlassen.
Auf der Suche nach Wahrheit
hat die Poesie das älteste Umherirren geschaffen.
Und sie irrte Jahrhunderte lang alleine umher,
durch die Jahrhunderte der Jahrhunderte,
seit dem Hohelied.
Niemand konnte sie aufhalten.
Keiner konnte sie vereinnahmen.
Niemand auch schaffte es, sie zu zähmen.
Keiner konnte sie fangen,
nur der blaue Morgenvogel.

NEXUS

Das Ende der Reisen …
war der erste Satz
und schon wollte ich nicht weiterlesen:
Ich verabscheue Reisen und Forschungsreisende
und, dennoch,
muss ich über meine Expeditionen berichten.

So begann das Pergament,
das Claude Lévi-Strauss
dann in das immense Grenzland von *Tristes tropiques*
verwandeln sollte.
Traurige Tropen in den Geschichten der Welt der
                                        Bedürftigen,
stumme Tropen, trunken vor Sonne oder Londoner Nebel.
… und, dennoch,
muss ich über meine Expeditionen berichten.

Sie hörte auf, diese erste Seite zu lesen
und ihre Augen richteten sich
auf ein verlassenes Kanu am Kai.
Es gab ein trübes Licht
als wäre sie nicht in Havanna;
wie das Licht eines Tunnels
das beim Eintreffen weichen Schnees aus dem Norden
sich auf das Baltische Meer zurückzieht,
zur Beschwörung des weißen und weichen
Schnees aus dem Norden;
wie ein schwarzes Licht
das versuchte, irgendeinem anderen

Morgenrot zu entkommen.
Sie lief die Alameda de Paula entlang.
Fast berührt sie die dunklen Masten der Schiffswerften.
Ein Hafen voller Schiffe begrüßt sie.
Ihre wandernde Seele hatte dort angelegt, ohne es zu bemerken,
vor den Kähnen
und dem Kanu
und einem großen trunkenen Schiff namens NEXUS
alle sich unter dem erstarrten Regen wiegend.

Sie lief die Alameda de Paula entlang.
Es war ein dunkler Septembertag.
Ein Wasser floss
zwischen den Pflastersteinen
und sie erahnte, in weiter Ferne,
die blaue Kappe jenes Dockers,
Sohn des Tito und der Brígida,
gezeugt in den Turbinen von Ciego de Ávila,
Felipe Morejón Noyola,
geschickter Seemann und treuer Schwarzer
einer unentzifferbaren Herkunft,
der die leeren Säcke trug
während er die Alameda de Paula entlanglief;
Seile, durchnässt von Meerwasser, verknotet,
und noch mehr Säcke, durchnässt von Meerwasser,
trug er die Alameda entlang;
oh, traurige Tropen;
pfeifend vor den Buchstaben
eines bestimmten Schiffes namens NEXUS,
verankert im Gedächtnis
der wenigen vorübergehenden Passanten, die man sieht.
Aber was jetzt wichtig ist

sind nicht die Träume jenes Dockers
der traurigen Tropen;
was wichtig ist
ist nicht das umherirrende Phantasma ohne Kopf
das im Eingang des Gewerkschaftsgebäudes Zuflucht sucht;
was wichtig ist
sind nicht die dichten Augenbrauen von Aracelio Iglesias,
König des Docks und Freund des Morgenrots,
der Alameda entlang;
was wichtig ist, oh traurige Tropen,
ist nicht sein farbloser Hut
es sind seine erhobenen Hände
wieder einmal rufend mit einem stummen Schrei,
durchlöchert fliegend, oh, traurige Tropen,
über den Ölflecken
die der Kiel der NEXUS
im Wasser hinterlässt.

Monolog des Fischers

für Naty Revuelta Clews

Als Kind träumte ich immer von Fischen. Dass ein *chiche-rekú* kommen und sie mir aus der Hand reißen würde, nachdem ich mit so viel Mühe bis zum Boden des Flusses gelangt war, voller Steine, dort in der Mündung, die sich ins Meer ergießt. Alle sagten »Süßwasserfisch schlüpft durch deine Hände«. Der Süßwasserfisch entgleitet deinen Händen wie das Kaninchen im Hügelland, eine phosphoreszierende Linie hinter sich lassend, unvergesslich. Wie gerne wollte ich *biajaibas* fangen, und nie gelang es mir. Es interessierte mich nicht, ob sie aus dem Meer oder aus dem Fluss kamen. Ich wollte Fische fangen, sie aus dem Wasser holen, schwimmend, eigenhändig. Und mit ihnen auf dem Weg vom Ufer nach Hause über tausend Sachen reden, damit sie mir die Streiche der *chicherekús* erzählen würden. Dinge eines Jungen. Und sie sehen schon, am Ende, glaube ich, ist mein Traum in Erfüllung gegangen.

Decke

Oh, die Worte bilden eine Decke
um mich herum.
Die Klarheit ihrer Klänge
zieht über mein Baumwollkissen.
Oh, die Worte klingen über den See
eines Landes im Süden Afrikas.
So viele Worte, durcheinander gewürfelt, die ich nicht sehen
sondern hören muss, wie zerquetscht, auf einmal,
in der Tiefe der Ozeane,
bis ein Delfin seine siegreiche Schwanzflosse
mitten in den Sternkorallen zeigt
und ein Sirenengesang seine rosa Nase
bis zur Spitze eines Mondes drückt,
jenes Mondes, den die Worte
mit einem silbernen Faden weben,
mit der Glut der wallenden Algen im Hintergrund,
einem silbernen Faden, der riesengroß wird,
wie in der Musik meines Nachbars José Claro Fumero,
und sich für mein Wohl in eine kostbare feuchte Decke
                              verwandelt.

Baumwollkissen

Mein Kopf auf einem Baumwollkissen,
noch einmal,
während die Seen wieder im alten Glanz erstrahlen
und die Giraffen
eine verlassene Welt zwischen Lanzen
und dichten Bergen durchqueren.
Wie früher kehren die Kaufleute
mit ihren Schildern aus toten Blättern zurück
und schreien und schlagen,
stoßen Frauen und Kinder,
die besten Männer des Südens
und der Küstenregionen
zu ihren Schiffen ohne Wiederkehr.
Das Licht des Horizontes fällt
auf das Kissen aus Baumwolle und Bitterkeit.
Ich sehe die Spitze der Klippen.
Ich sehe die Insel Gorée in meiner Handfläche,
aus der Öffnung ihres Rachens spuckt sie schwarze
        Geschöpfe
wie in der Nacht der ersten Jagd.
Ein Baumwollkissen, noch einmal.
Wäre es besser, aus dieser Geographie einer anderen Welt
        zu entfliehen?
Wäre es besser, den Kopf anderswohin zu wenden
und die zwei Tränen, die jetzt zwischen den Gewässern
des Zambesi strömen, zu trocknen?
Meine Augen zeichneten eine Mondlandschaft auf die Seen.
Mein Kopf auf einem Baumwollkissen,
noch einmal.

Orte

Zur Erinnerung an Odilio Urfé

Eine Mahagoni-Tür geht auf.

Die Neffen, die acht Neffen
flogen im Raum vor den Jalousien.

Die Blümchen, violett, des kleinen simulierten Innenhofs
schoben ihre violetten Körperchen
bis zur sperrangelweit geöffneten Tür.
Die Blümchen redeten niemals mehr miteinander.
Die Zweige waren sehr traurig,
aber die Blümchen schienen eine Ruhe zu haben,
die Ruhe des friedlichen Morgengrauens einer anderen
Epoche.

Es war wirklich so: Die Zweige waren sehr traurig
und dennoch spreizten sie ihre tintenfischähnlichen Arme
über das Dach des Nachbarhauses hinaus.

Die Blümchen schwimmen an der Küste und vergessen
ihren Sand.
Die Neffen, wie die Blümchen, vergaßen ihren Geruch
und auch den Nektar der Innenhöfe vergaßen sie,
oder waren es die Innenhöfe, die auf eigenes Risiko zur
Küste schwammen?

Eine andere Mahagoni-Tür geht auf.

Eine Türschwelle fällt richtungslos
in die Leere der Verästelungen.

91

Eine Mahagoni-Tür geht auf.
In welchen dieser Neffen klingt
diese Nacht der Wind
vom kleinen simulierten Innenhof,
den meine Augen sehen,
jetzt in der Nacht
traurig wie die Zweige,
sich listig verstellend
wie der Schatten der schwarzen Katze,
der zwischen den traurigen Zweigen einen Buckel macht,
Bewahrer und Hüter der Blümchen, violett,
berührt durch den Wind, der zu den Sternen hochsteigt?

Oder ist es dieses Gedicht,
das vorgibt, durch die erste Mahagoni-Tür zu gehen,
eine große, große, große Tür,
um die erste Szene einer Erinnerung zu betreten,
jene Erinnerung, in der wir alle den Takt
    eines Danzóns hören,
und sein Takt tanzt zwischen den Blümchen und der
                               zweiten Tür
und jenem großen, riesigen Klavier,
gespielt auch von einem großen, schlanken Pianisten,
                               ernsthaft
    und zärtlich,
den die Neffen Odilio Urfé nannten?

Ein Neffe

Die Straße hat einen Namen, einen dunklen Namen,
                                    bedeutungslos,
wie ihr eigener Eingang,
lebensklug und weit offen und zahnlos,
an ihrem Ende gibt es kein anderes Licht als das Licht,
                            das der dunklen Haut
meines Neffen Fernando entweicht.

Wir sprechen, aber wir sprechen auch nicht,
wir ähneln uns im Schweigen,
unser Schweigen ist fast wie
das Schweigen der Freudenfeuer in Malawi,
ein ständiges Schweigen, das in unseren Poren atmet,
aber wir, ohne zu wissen,
ohne zu ahnen, dass jenes Schweigen
nur unser Schweigen ist, weil irgendein Vorfahr es
                                    mitbrachte,
unser Schweigen ist wie das der
stummen Bodega,
die es schaffte, die zwei Ufer
und den Gang der Winde zu durchqueren.

Eines Tages im Oktober,
als ein Schiff in der Bucht der Stadt explodierte
und der Krach fremder Raketen
das Brett der Waschfrauen brach.

93

Im Innenhof leblos und ohne zu vergessen
verließ mein Neffe Fernando die Cristina-Straße
– eine breite Straße, die breiteste Straße weit und breit –,
fast immer betäubt von den Schreien der nahen
                              Schlachthöfe
und dem schonungslosen Pfeifen der Eisenbahnen.

Mein Neffe Fernando, neben mir, hat Heimweh nach
                    dem verrückten Wuschelkopf
einer entfernten Nichte und nach dem Geruch der
                              Bäckereien
an der Ecke der Toyo-Straße, nach dem Aroma von Sesam
und nach den Sonntagen des Karnevals, als er wie ein
                              schlafender Hase
durch die Reihen der riesigen Pappmaché-Figuren rannte.

Mein Neffe Fernando erzählt mir das alles,
jetzt,
ohne das eilige Hin und Her der Radfahrer
oder das heitere Flattern der Schmetterlinge
über die Bierbecher verstehen zu können

Wir sind bei einem kleinen Hügel in Tallapiedra
                              angekommen.

Der Zug aus Santiago hält an
und mein Neffe Fernando wischt sich den Schweiß aus
                              dem Gesicht
mit einer nutzlosen Serviette aus weißem Papier,
das alle meine Gefühle ausspioniert.
Fernando und ich
vor einem Wirbel aus schwarzen Tränen.
Fernando und ich in der Empedrado-Straße.

Fernando und ich, uns wieder erkennend
in jenem Dunst der Webstühle von Muralla im August.

Mein Neffe Fernando
mit zehn Kreditkarten
in der Tasche,
aber ohne Hausschuhe, ohne Luft, ohne Sprache:
»Auch ich musste weg aus der Stadt,
in der ich mehr als zwanzig Jahre lebte.
Ich ertrug es nicht und ging weiter nach Norden
in ein Viertel mit Italienern, Fleischpackern,
die mein Leben ebenso wenig verstanden.«

Mein Neffe Fernando in seiner nomadischen Zukunft,
immer noch besessen
vom Schweigen der Freudenfeuer.

Estela

Für Gustavo, für Ester

Estela, wenn du gehst,
komm zurück über den Weg der Eisenkräuter
wenn die Immortellen
den Regenbogen oder
den grauen Fond jenes Weges berührt haben.

Estela, wenn du gehst,
komm zurück mit einer Hortensie an jeder Schläfe,
am Nachmittag in Alicante.

Unsere Estela,
Königin der Lorbeerkränze,
komm zurück, komm zurück,
mit einem riesigen Brunnen von vergoldeten Krebsen
und den sauberen Fliesen jenes Innenhofs
die für immer in der Erinnerung pfeifen.
Deine Arme wiegten einen großen blauen Vogel.
Komm zurück, göttliches Kind,
in einer Wasserkutsche,
zum Geräusch der überquellendenen Plätze am Hafen,
und zum Pinsel, still, von Fidelio Ponce.

Estela, wenn du gehst,
komm noch mal zurück mit einer Turteltaube in deinen
                                          Händen,
komm, komm noch mal zurück zum stillen Rauschen
                              deiner stummen Farnpflanzen
und sing, während du ihre schäumenden Blätter gießt,

einen Bolero von Roberto Faz oder Marta Valdés.
Estela, erinnere dich immer zwischen den Meeren:
Deine Arme wiegten einen großen blauen Vogel.

Nélida

Zur Erinnerung an Ángel Roberto Hernández Riverend

Es ging die Frühlingsbrise
und Nélida, schweigend, lehnte sich an den Balkon,
jeden Tag.
Das war immer so.
Und Nélida, wie in den Marktständen,
an den Balkon gelehnt.

So war es immer.
Nélida gestützt auf die Balustraden
eines alten Balkons, ohne Besitzer,
beim Morgengrauen, sich unterhaltend
mit den Stimmen des Straßenrufers,
ohne dass ihre Stimme meine Ohren erreichte.
Mehr breit als hoch, stieg von ihrer dichten Haut
ein Rauch bis zum Mond.

Es ging die Brise von Misiones,
die an jede Tür klopfte,
fragte nach dem Schatten von Nélida, klein,
mit einer Blume an der Schläfe.
So stand sie immer, mit den Ellbogen auf dem Balkon
                                        gestützt.

Pepe Romera kam vorbei, mit dem Kopf nach unten gesenkt.

Es kam Hilda Menchaca vorbei,
ohne ihre Augen über den großen Torbogen zu heben.
Alle kamen sie vorbei unter dem Astgewölbe,

ihre Körper in einem Fluss von Klängen eingetaucht.
Es kam eine Meeresbrise vorbei,
kerbte sich ein wie eine Narbe.

Das war immer so.

Chiquitica spazierte herum,
durchquerte den lärmenden Frisörladen der Taylors:
den Spiegel und den Anzug des ersten Guillermos in der Ecke.
die Manrique-Straße, mit ihrem ältesten Frisörladen,
mit Guillermo drinnen, dem Junior, und in Begleitung,
mit seinem weißen Kittel und dem Anzug in der Ecke,
Manrique mit seinen knirschenden Gittern
wie Katzen, durchnässt von einem Himmelwasser.

Eines Tages
hielt jene Meeresbrise inne,
um sich in Manrique an die Balkone zu lehnen
von einer Frau gebräunt von der Sonne,
von einer Frau mit Schatten und ohne Blumenvasen,
einer einzigen Frau, klein und ohne Worte,
welche alle, die vorbeikamen, Nélida nannten,
die wieder vorbeikamen,
die wir vorbeikommen und ständig vorbeigehen
unter dem Balkon von Nélida.

Und auch ich halte inne
um sie zu sehen, ohne zu wissen, gar nicht zu wissen
Nélida mit ihren Armen wie eine Gehenkte.
Ich gehe wieder vorbei und suche einen Regenbogen.
Ich gehe noch einmal vorbei, und beim Vorbeigehen schaue
                                              ich hoch,

und auch ich halte inne,
um mich zu vergewissern, ohne zu wissen, gar nicht zu wissen,
auf dem Balkon von Nélida,
– schon ohne Meeresbrise,
ohne Manrique und ohne Blume –,
dass sie verschwinden würde, ohne es zu wissen, eines
                                        Nachmittags
ihr Körper begraben durch die schonungslosen Trümmer
                                        eines Daches,
ihr Körper begraben durch die Trümmer des Schmerzes.

Skizze

Unter dem Balkon von Nélida
steht eine schwarze Frau
mit roten Hibiscus-Blumen
zwischen Ohr und Schläfe gesteckt.

Unter dem Balkon von Nélida
steht ein Tisch
aus dunklem Holz,
auf dem sich Basilikum und Lilien häufen,
verwirbelt durch die Nähe der Meere
und es gibt Sonnenblumen, die ihr Licht
zwischen den Glanz der Schürze einer Schlafenden spucken,
heulend vor dem nahenden Wirbel
eines skrupellosen Orkans,
in unserer Zukunft bekannt als Isidore,
Graf des Elends,
den die Frau erwartet wie einen Freier in der Nacht,
dessen bloße Präsenz oder Name
sie zittern lässt, einzig und allein aus Angst
vor den Bogen der Mittagszeit,
vor dem Schatten des Gespenstes von Nélida.

Namen

Du nennst deinen Sohn Jesus
und alle klatschen begeistert.
Du nennst deine Tochter Laura
und alle lächeln wie am Neujahrstag.
Du hast deinen Enkel César Augusto genannt
und wenige können diese Vorliebe
für jene Namensgebung in deiner Muttersprache
                                  akzeptieren.
Gestern noch hast du deine jüngste Nichte Eduviges
                                      genannt
und die Straßen von Santiago schäumen über vor Freude.
Du nennst einen neuen unehelichen Sohn William
und die Leute applaudieren weiter,
obwohl nicht alle klatschen, so laut.
Du hast die drei Töchter der Freundin
Daisy oder Nancy oder Gladys genannt
es interessierte niemanden
und noch ein paar haben weiter geklatscht
etwas enthemmt.
Dann kamen die Jüngeren
und nannten ihre Kinder Katia,
Misleidi, Yordanca, Yosvany, Bladimir.
Fast alle klatschten jetzt
richten aber ihre Augen gen Himmel
irgendeinen Gott bittend
dass er ihnen die Kraft gebe
eine so entrückte Geschichte zu erklären,
fremd, zeitweilig verwerflich,
perfekt gemacht für das Vergessen.
Niemand nennt sich Oki bis jetzt.

Haar

Du bedeckst mich und bist meins
und weil sie mir beibrachten
dich zu hassen
gehörst du noch mehr zu mir,
weil du unterscheidest mich
und machst mich einzigartig
und willst und hast immer geplant
und wolltest immer
in meine Verse eintreten,
die nicht viel glatter sind
als du.
Du bist unbezwingbar und
wir wissen nicht, wohin du dich wendest,
was wird letztendlich deine wahre Richtung sein?
Du gehst nach oben
ins Laub
undurchdringbar,
weg von den zerebralen Ohrläppchen,
den zerebralen Drehungen
der grauen Substanz…
Und schon bist du weiß, weiß, weiß,
aber du gehst weiter nach oben und höher
dich überallhin wendend
so wie ich es verstanden habe,
wie ein flüchtiger Stern.

Kartenspiel

Für Lorena García Buch und ihre Tochter Leyda Lombard

Die Erste fällt in einer Spirale
von einem Himmelseufzer.
Oh, Himmel der stockenden Regenschauer
die so auf das grobe Geflecht des Gitters fällt
dessen Fenster die Ankunft einer mütterlichen Fee erwartet.
Ihr Klang gleicht beinahe dem Weinen eines Neugeborenen.
So viel Freude und so viel heimlicher Schmerz,
fast verborgen in seinen goldenen Rändern,
zwischen der Tiefe einer Amphore und dem chinesischen
                                Wandschirm hinten im Saal.

Elegie

Zur Erinnerung an Neyda Ulacia, Chiquitica

I.

Wie ein Brunnen vermehrte Chiquitica
Fisch und Brot.

Wie eine Raupe
bewegte sie sich zwischen den Stoffen
und schuf einen unsichtbaren Weg
zu den Gewässern des Glücks.

Es war dieselbe Chiquitica,
an ihre Tür gelehnt,
sie selbst eine stille Raupe,
unabhängig
in ihrer sterblichen Raupenrepublik.

Wie eine Federfontäne
klang ihre lebhafte Stimme
über die erstaunten Dächer des Tages.

Das Bügeleisen in der Lunge,
saß Chiquitica, strahlend,
immer genau auf ihrem Platz
vor den Vorbeigehenden:
einen Platz, der nie leer war.

Die Flüsse von Cárdenas
strömen in ihrer Handfläche
und nachts kommt ein roter Krebs
und ein sehr weißer Mond,
in dessen unterer Spitze ein *güije* angelt,
in dessen oberer Spitze La China auf ihre Gitarre spielt.

II.
Ich hatte La China im Schlaf,
in Erwartung ihrer Abreise.
Ich hatte deinen Atem und deine Hand
wie ungeschliffene Schwerte.

Ich, die nicht wusste, wohin zu schauen
oder wo ich war:
als La China starb,
hatte dich immer an meiner Seite.

Blitze und Regenschauer
wollten den Gang
deiner erhabenen Güte,
deines schweigenden Edelmuts aufhalten.

Heute, wo ich keine Vergangenheit habe,
ohne Mond, ohne Licht, gar nichts
als nur den schlafenden Hauch
deines Kopfes voller Zöpfen

denke ich jeden Tag an dich,
wie du mir voller Freude
Kürbisse und Salate

und Melasse brachtest
Das Leben möchte diese Abwesenheit
zwischen Immortellen sähen,
das Leben möchte, dass du
wie zwischen Blumen schläfst.

III.
Am Nachmittag gingst du immer
mit einem kurzen
kaum bekannten Lied auf den Lippen.

Die Eidechsen weinten
vom Regen erstickt.

Zwischen Strophen und Nymphen:
ein verlorener Sperber.
Zwischen Nymphen und Strophen:
die Sprache der Leguane.

Raupe der Manrique-Straße,
in deinem heiligen Wohlgeruch
nach Lavendel und starker Seife

gingst du, ganz nah an den Wolken,
mit einer gedrehten Zigarre
im ruhigen Morgen
der Straßenrufer.

Dein eigenes Haar gekämmt vom Wind
glättest du das Haar der sitzenden schwarzen Frauen
über schmerzenden Glätteisen,
die für immer die Seele verbrennen.

Die bogenförmige Lunge
auf dem siedend heißen Bügeleisen.
Das Kohlenbügeleisen
auf der Lunge.

Gekämmt vom Wind,
vor deinem Kübel mit wilden Kohlen,
pulsiert das Hin und Her deiner königlichen Pflanzen
in ihrem frischen Grün von Teppich und Milch,
in ihrem Wiegelied.

Magierin der erloschenen Öfen,
Magierin der brennenden Öfen,
des Rostes vom Barbecue,
nur beleuchtet vom Licht deines Wesens.
Du stellst Blumen in die Kannen und auf das Tischtuch
und deine Worte kommen von irgendeinem Schiff, weit weg,
noch vor dem Festland segelnd.

Agiler und gespannter Pfeil
fliegt zwischen den Häuserblöcken,
fliegt zu seinem Bogen.
Schwarze Frau, die ich dich
kaum benennen kann,
meine Großmutter aus Ebenholz,
unsere einzige Großmutter,
stille Habanera der Melancholie,
sitzend, hektisch,
lebhaft und stolz,
vor dem kalten Käfig der Eidechsen.
Die bogenförmige Lunge
auf dem Schaum und dem Balkon.

In den schwarzen Nebeln der Nacht
kam Compay Segundo und kam Tejedor,
kam meine Großmutter Angela
mit ihrer hinreißenden Stimme
und Chicho Ibáñez und María Teresa.
Die Tochter von Angela kam auch
und der Seemann ihrer Träume
den sie Felipe nannten, der von den Kais am Hafen
in Louisiana und Pensacola und Regla.
Es kam Joseíto der Magier, es kam Reina
und sogar kamen Julia und Luisito Bequé.
Da kommt Nélida mit Delia,
es kommt Candito Ruiz und es kommt Vilma Valle,
es kam Lázaro Herrera mit seiner Königstrompete,
es kam Guillermo Taylor, der Ältere,
und es kam die Welt der farbigen Gespenster.

Niemand sah sie weinen,
obwohl sie weinte.
Niemand hörte sie seufzen,
obwohl sie seufzte.

Schwarze Frau, geschliffen wie harter Diamant
des Niger-Flusses.

Du gingst am Nachmittag
mit einem kurzen Lied
kaum bekannt.

Schwarze Frau mit unvergleichlicher Haut,
die Zeit der Leguane ist endlich gekommen.

Merceditas

Zur Erinnerung an Merceditas Valdés
Für Luis Carbonell

Sieh doch, wie sie in Gelb geht,
genau wie die Sonnenblume
und das Eigelb
und das Korn.
Wie ein parfümierter Kolibri
berührt ihr winzig kleiner Fuß
eingeschlafen
den Pflasterstein.

Sieh doch, wie sie geht,
alleine singend
auf einem kleinen Schiff
aus Honig und Kürbissen.
Und die traurigen Bienen
zeichnen ihre Stirn,
wie wiedergeboren.

Merceditas
        – schreit der weiße Mond.
Merceditas
ist kein unerwarteter Schatten,
ist nie ein Schatten
oder ein Traum
sondern eine Stimme, gerade verstummt,
aber was für eine Stimme,
aber was für ein Schatten.

Was für ein versiegter Traum.
Merceditas
        – schreit der weiße Mond wieder.

Sieh doch, wie sie in Gelb geht,
genau wie die Sonnenblume
und das Eigelb
und das Korn.
Wie ein parfümierter Kolibri
berührt ihr winzig kleiner Fuß
eingeschlafen
den Pflasterstein.

Auf einem Pfau aus Schaum
reitet sie über Kuba.
Schau gut auf sie.
Sieh, hier ist sie
in ihrer Koralle von ewigen Sonnen,
in ihrer Koralle von heiligen Federn,
in ihrem Glanz von erlesenen Getränken,
in ihrer Pracht von schlafenden Armbändern.
Merceditas
        – schreit der Mond entflammt.

Sieh doch, wie sie in Gelb geht,
genau wie die Sonnenblume
und das Eigelb
und das Korn.
Wie ein parfümierter Kolibri
berührt ihr winzig kleiner Fuß
eingeschlafen

den Pflasterstein
und ein Mantel aus feinem Gold
fällt für immer
zwischen die Wasser des kleinen Flusses.

Außerhalb des Gartens

Beim Vorüberziehen des Windes
flieht der Garten,
ein vager Schatten,
ins Innere des Jasmins.

Die Augen schauen
auf den Tomeguin.
Ein farbloses Wasser
verfolgt den Garten.

Beim Vorüberziehen des Windes
flieht der Tomeguin.
An der Wasserscheide
blühte der Jasmin.

Am Rande der Welt,
deine Augen ohne Ende.
Meine Augen wachen
außerhalb des Gartens auf.

Segelschiff

Ein pilgerndes Segelschiff
durchquert das weite Meer.

Segelschiff, das ankert und flieht,
Segelschiff, das weint und segelt.
Der Mond hält es gefangen
mit seinem zeitlosen Stempel.

Ein pilgerndes Segelschiff
durchquert das weite Meer.

Segelschiff, das untergeht und ankert
und flieht und weint und schon segelt es.
Segelschiff, das ankert und segelt,
Segelschiff, das kommt und segelt.

Ein pilgerndes Segelschiff
durchquert das weite Meer.

Reigen um das Nichts

Das Kind sieht das Ufer
und ein Fisch schläft
im Sand ein.

Der Sand sah den Fisch
und das Ufer
gelassen.

Das Kind, der Fisch, das Ufer.
Der Fisch, das Kind, das Nichts.

Der Sand bläst am Ufer
in seinen Reigen um das Nichts.

Das Kind sieht das Ufer
und ein Fisch schläft
im Sand ein.

Der Sand sah den Fisch
und das Ufer
heiter.

Dies wäre nie der Reigen um das Nichts.

Wetterfahne

Auf dem schattigen kleinen Platz
tanzt ein Licht in der Höhe
und auf dem Kirchturm
flattert eine Wetterfahne.

Stunde des Angelusläutens,
windet sich durch die Luft
und die Seelen der Welt
tanzen zum ersten Male.

Die Sonne war ins Abseits gestellt
mitten in der Astgabel
schwarz wie die Wohnung
des galizischen Kohlenhänders.

Auf dem schattigen kleinen Platz
gibt es ein Morgenlicht
und vom Kirchturm
springt der Fisch in seinen Gezeiten.

Limonengrün

Die Flasche in ihrem Limonengrün
und der Mond scheint auf Pierrot.

Sinnlos

Hier
der Flug
der Seele
der Mangel
und der Wein
der Pflanzen
die Nacht
und darüber
die Wolken mit ihrem langsamen Flug

Welle

Eine Welle rollt in den Meeren
wie Sandstaub
zum Meer rollt

Auf einem dunklen Stein
eine Meereswelle
auf einem hellen Stein
noch eine Meereswelle
Meer von Steinen so allein
ohne ihr Meer
Meer von Steinen ohne Seele
und ohne Meer

Eine Welle in ihren Meeren des Vergessens
wie Blütenstaub von Anemonen
zum Meer segelnd

Eine Welle rollt zwischen den Meeren
immer weiter zum Meer rollend

Zayda del Río

Zur Begleitung ihrer Malerei

Vom Rauschen des Sandes
kommt ihre helle Hand,
vielleicht zeichnet sie ein seltsames Tier
halb Frau, halb fliegender Fisch,
zwischen Rosenstrauch und Leuchtturm pfeifend.

Im Rauschen des Sandes,
mit feiner Hand und klarem Wasser,
fährt Zayda in ihrer Barkasse,
wenn ein schwarzer Prinz
sie zur Sargassosee begleitet.

Ein Pferd mit Flügeln durchquert den Himmel,
gelb und senffarbig,
wie gegossenes Gold,
Seepferdchen voller Rauch
gegen das Grün des Papageis
und jene Frau, geflügelt, mit einem Hut voller Obst,
die in ihrem Grün und Blau, in ihrem Lila und Rot segelt.

Unter dem Flussbett,
Saatbeet und Blätter,
Stein um Stein, geschliffener Stein,
Zayda beim Malen
in ihrem Schattenwind,
in ihrer wilden Ruhe,
das Herz verankert
auf dem Strudel eines Sturms,

auf den Rändern einer Insel,
Feuer und Basilikum
zwischen Rosenstrauch und Leuchtturm
und ein Wasserstrahl fliegt
mit ihrem schlichten Pfeil
zwischen den Gewässern.

Roter Stein und schwarzer Stein,
rote und schwarze Haut, heilige Haut,
Zaydas Stein
neben dem schlafenden Gewässer, gelb und blau.
Unter dem Mond
malt Zayda del Río
einen Fluss.
Auf dem Stein
malt Zayda del Río
ein Meer.
Unter dem Mond
Zayda del Río.

Abgestürzt

Für Víctor Manuel, der mir geholfen hat,
sie wieder in Gang zu setzen

Ich wie eine fabelhafte Oper
an den Eingangstüren eines Theaters
das nicht die Alhambra ist, sondern das Diorama
der Kneipen, vor Rauch brodelnd, und der kleinen
                              Modistinnen, ziellos
wie ich auch
betreten wir das Riesenrad ihres und meines Lebens
wie eine Katze
die sich schlafend in einem Fenster räkelt
deshalb
betreten und verlassen heute die Meere meine Schläfen und
geben und geben sie immer wieder in diese schwedische
                              Tastatur ein
schon mit verwundbarem und stummem Ziel
auf der Schwanzflosse eines nassen Delfins,
die wir, der kleine Prinz Víctor Manuel und ich,
auf eine frostige Kaltfront schleudern,
die uns demontiert wie ein Orkan in September.

Weltenwanderer

Im Schatten der Zypressen
trat ein Mönch in den Mondschein.
Er fragte sich, warum
der Schatten ihn bedecken würde,
und wusste nichts zu tun
als schlafen,
beleuchtet von dem Licht jenes selben Mondes
im Schatten der Zypressen.

Philosophie der Augenblicke

Für Lenita, für Edith

Das Wasser kommt in Schwärmen
wie die Schwalben Ende Mai.
Ein Platzregen kommt sofort
wie die Schwalben
schon Anfang des Monats Juni.
Das umherirrende Wasser stillt den Durst und die
                              unberechenbaren Gerüche.
Marina hebt ihren Kopf
über die Balustraden
ein Reifen aus Bernstein krönt ihre Schläfen
vor einer ruhigen blühenden Allee.
Es ist ein Sonntag mit nicht enden wollenden Besuchen,
mit einem stummen Kornett
auf den Baguettes.
Marina beklatscht das perfekte Konzert
einer ihrer Enkelinnen am Klavier.
Die Noten des Walzers steigen, steigen und steigen
                              weiter hoch
bis zu den grünen Feigen,
in riesigen Töpfen gesät,
ihr Boden geschwärzt durch erstaunten Rauch
und ohne einen ersehnten Griff, der sie begleiten könnte.
Die Seele der Töpfe tanzt ihren Walzer
schmerzlich
im Schatten des Bernsteins
diese Augenblicke aus Schaum und Samt
kommen wie Sturzflüsse
ohne Stimme und ohne Ziel,

124

oder sie kommen wie erschreckte Schwalben,
verfrüht und schön,
aus einer letzten Jahreszeit,
die verstreicht, flatterhaft,
vor dem Zauber der Segelschiffe.

Pole

Nord oder Süd

Es gibt immer eine Eisscholle
auf die wir unsere Flügel legen.
Wie das Herz der Hirsche,
die kalten Gewässer
blutrot über die weiße Erde rieselnd.

Nord oder Süd

Das Einzige, das nicht fliegen kann,
das Einzige, das keine Flügel hat,
ist der Schmerz, den Tod der Wale
gekannt zu haben,
die großen Wale wie Blätter aus Wasser,
die zärtlichen Wale
in ihrer Lichterbahn,
in ihrem schnellen Rennen,
auf ihrer lärmenden Reise
unter dem Haus des Fischers.

Nord oder Süd

Eine Frau hinter den Pferden
und die Räder der Schlitten.
Der Fischer schnitzt eine Figur.
Zehn schlaue Robben tanzen auf dem rohen Fleisch
und dem runden Dach der Iglus.

Nord oder Süd

Es ist egal.
Egal,
ob wir den Abendstern
sehen können,
der den Polarstern bedeckt,
oder jenes kleine Segelschiff,
das die verlorene Erinnerung des Andalusiers vergiftet,
der Seeleute, vor einer Tür ihrer Kindheit.

Nord oder Süd

Nichts setzt der Trauer
über eine vorbildliche Mutter ein Ende,
die auf einmal, in Händen gehalten,
unerwartet stirbt.

Nord oder Süd
Was macht es jetzt noch aus?
Nord oder Süd

Mississippi

Zur Erinnerung an Nicolás Guillén

Die Wasserschlange kriecht und wiegt sich.
Mit ihrem hängenden Körper, schlängelnd.
Karavellen, Gespenster, verbrannte Haut
auf den Blättern der Weiden gezeichnet.

Die Wasserschlange
neben den Weiden.
Die Wasserschlange.

Die Wasserschlange hebt ihren Kopf
mit einer zweifüßigen tausendjährigen Zunge.
Ein Stück der Zunge fällt in den Golf.
Das andere Stück verschlingt Hunderte von Booten.

Die Wasserschlange
zwischen den Weiden.
Die Wasserschlange.

Die Wasserschlange wächst und bewegt sich fort
öffnet ihr Maul
unverschämt, blass, gefräßig,
ihre goldenen Ringe, ihr unversöhnliches Schlängeln.

Die Wasserschlange
neben den Weiden.
Die Wasserschlange.

2002, zum 100. Geburtstag von Nicolás Guillén

Lake Waban

I.

Der Baum vor mir
hatte gestern kaum einen Körper,
dunkel.
Einige Wasserstunden
unterm Himmel
und schon öffnen sich
seine Zweige wie nackte Arme
nach allen Orten,
nach allen Sternzeichen,
wie nasse Kinder
aufgehoben im Raum
wie jene einfachen Blätter
die in den Lüften
eine grüne Krone bestücken.
In der Mitte steht der Stamm,
sympathisch und gelb,
beraubt von Licht und Blitz,
balancierend
immer nackt,
immer noch feucht,
in Erwartung vielleicht von neuen Gewässern
oder einer anderen, neuen Nacktheit,
die man hier Herbst nennt.

II.

Zwischen dem stillen Grün
pochen die verwunderten Kräuter
und atmen die Zweige
das feine Wasser,
prunkvoll vertikal,
das seit Morgenanbruch fällt.
Wohin schauen die Augen,
wie wollen die Augen
die Wassergardine durchqueren,
zum farblosen Tanz geworden
und tanzend auf dem Takt dieser Geigen
die Haydn durch das Fenster klingen ließ?

Der Herbst wird einkehren über diesem
emsigen, menschlichen, hochgestecken, abgelegenen Grün,
in seiner diffusen Transparenz.

Mein Grün ist nicht hier.

Hier kann ich nur Grün in der Höhe finden,
um die Hölzer herum.

Und wenn Plácido bis hierher kommen würde
auf der Suche nach geeignetem Boden
für seine Kaffeepflanzen?

Der Herbst wird
die unbewegliche Spur der Wasser säubern
und die schweigenden Poeten werden,
auf ihrem schlafenden Irrweg
wieder

jene flüchtige Feder der Nachmittage nehmen
um die Wiederkehr des Herbstes
zu besingen,
eines Herbstes, der schon auf niemanden mehr warten
kann...

III.
Die Wasser bleiben ruhig
und es gibt ein Licht über dem Zenit,
hohe Gesänge bei Tagesanbruch
wie die sanfte Inbrunst der Schlaflieder
und der leisen Wellen des Lake Waban.
Die Wasser sind ruhig
und ein Licht umrahmt sie...

Großer Gott vergib mir
was sehen meine Augen
woher kommt jener schwarze Kopf
mit Donnerblitz zwischen den Augenbrauen
schwebend in der Mitte mit Donnerblitz
woher kommt er
der runde samthaarige Kopf eines Schwarzen
sein Wollhaar
zitternd vom Ersticken
von seinem ersten herbstlichen Ersticken
zwischen den ruhigen Gewässern dieses Sees.

Lake Waban, deine Wasser
haben den finsteren Traum
dieses Ertrunkenen gebadet und er erscheint wieder
mitten in deinen ruhigen Gewässern:

ein Ertrunkener
und ein *güije*, der seinen Kopf mitschleppt
und das unmögliche Vergessen seines Namens
zwischen den ruhigen Gewässern,
die der güije zum Ufer schiebt.

Lake Waban,
was kann es in mir an Verbanntem geben,
wo ich von so weit komme,
während ich die Geigen einer Blechkapelle vermisse,
zeitlos zwischen deinen ruhigen Gewässern,
während ich in der Einsamkeit des Gartens spaziere?

Lake Waban,
deine Wasser bleiben ruhig
und es gibt ein Licht, das der Herbst verschlingt.

Wellesley College, 1995

Ostersonntag

Ostersonntag.
Sie mit einem weißen Kleidchen bekleidet
strahlend.
Er mit Gummistiefeln geschmückt,
einfachen Stiefeln eines Fremden,
einem monumentalen Mantel
und einem alten Schal.
Die zwei fuhren, in einem kleinen Auto
japanischer Herkunft, eines schönen Nachmittags im April
am Ostersonntag.
Er erinnerte sich kaum an das Datum.
Sie zeigte es ihm immer wieder
und bat ihn, die Fahrt so zu genießen
wie jemand, der
einen Clown sieht, der einen Kuchen mit importierten
                          Erdbeeren verschlingt.
Es war ein Sonntagnachmittag, Ostern,
mitten im Central Park, was sage ich?,
im Central Park in New York, im Westen,
und die Allee füllte sich mit Wagen
gezogen von Pferden, behangen mit Zaumzeug.
Männer im *Frack* ritten darauf,
ihre runden Gesichter
wie die Äpfel, die er hatte glänzen sehen
in den flüchtigen Marktständen, zufällig,
in irgendeinem Vorort Downtown.

Die *Fräcke*
glänzten im Nachmittag.
Er hätte sie in einem Auto sitzen
und den ganzen Riverside Drive hinunterfahren sehen wollen
und den Hudson River strömen sehen,
während ihm das Herz schlug
wie der rote Apfel, der die Straße hinunterrollt.
Sie verstand die Art und Weise nicht,
wie seine Augen zu den Wagen und
den *Fräcken* gingen.

Sie sah
ein Standbild von José Martí
auf einem Pferd
in dem Moment,
als es sich aufbäumte. Sie zeigte ihm
das Standbild. Er lächelte, schüttelte seinen Kopf
erstaunt und legte seine Hände
auf das Autofenster,
als ob er aussteigen und seine ganze Nostalgie
Martí übergeben wollte.
»Wir sind verrückt«, sagte sie zu ihm
und sie umarmten sich in einem Anflug von Trauer,
sie umarmten sich und wussten, dass sie und er
weit voneinander entfernt waren
und dass sie aufhören konnten, Nomaden ohne Spur zu sein,
verrückt vor Liebe, einzig und allein entschuldigt
durch die unwiderstehliche Kraft der kalten Luft.

Bei der Lektüre in der Bibliothek von Fordham

Zur Erinnerung an Fayad Jamís

Der Nachmittag bringt einen Nadelfisch und den Ertrunkenen
vom Café Bonaparte,
durchnässt vom ausgesiebten Salz und aufgewühlten Meeren
die ihre Segel, einfarbig und eintönig,
über diesen viereckigen Tisch schlagen,
umringt von metallenen Bücherbrettern, wie im Quadrat,
ich sehe sie schon springen
bis über den Bücherbogen
und die dichten Augenbrauen ihres treuen Bewachers,
die Ellbogen auf diesem Tisch gestützt zwischen zwei
Landschaften:
einem Flüsschen bei Guayos und diesem Nebel von Paris,
zur Stunde, als der Nadelfisch und der Ertrunkene
erbarmungslos Bücher und Karten dieser Bibliothek bespritzen.

Kalligraphie

Unschuldiges Gedicht,
das an diesem ruhigen
    Sonntagnachmittag
auf dem Schnabel eines Storches ankommt
bewacht von der Halskrause eines Fechtkünstlers,
damit ich die alte Frau
    vergessen kann,
die ein Ochsengespann antreibt,
    beim lärmenden Vaudeville
mit seinen traurig gewordenen siegreichen Travestien
so unheilvoll wie diese unheilvollen Minuten,
die das blöde Vaudeville mildernd zu verheimlichen sucht
mit dem geschwärzten
    negrito, einem Aspiranten für Onkel Tom,
zwischen Soffitten und Prahlereien.

Unkorrumpierbares Gedicht
wie du mich rettest vor Überdruss,
vor Kränkung und Angst, vor dem
    horror vacui,
vor dem Lehnstuhl in der Provinz und dem Film
vor der Mittagsstunde dieses Sonntags
mit seinem entsprechenden Golden Gate
aber ohne die unterhaltsamen Pelikane, ohne die Dichter
der
    San Francisco Bay.

Überschäumendes Gedicht von mir
jenseits der zusammengebrochenen Berliner Mauer,
    geliebtes kleines Gedicht

mögest du jetzt die Vögel picken sehen
wie wahnsinnig in einem schicksalhaften Pavillon
aber ohne Glocken, wie zwischen den Leguanen
und dem Moos, das so viel harten Stein verschlingt.

Gedicht von mir
an diesem ruhigen Sonntagnachmittag,
sei willkommen

z
u

d
e
i
n
e
m

F
e
s
t

Du sagst Konstantinopel

Ich höre das Wort Konstantinopel
das du mir durchs Telefon sagst.
Lasst uns das Land von Konstantinopel besuchen.

(Wird es blau sein? Wie wird das Land von Konstantinopel
sein?)

Wir springen zu den ersten Häusern.
In einer Hand, Konstantinopel ist eine schöne Stadt.

(Wird Konstantinopel eine Hafenstadt sein, die aus Fleisch
besteht,
aus deinem Fleisch, wenn du ein bisschen genauer
hinschaust?)

Die drei -s von Konstantinopel sind deiner Sanftmut ähnlich.

(Konstantinopel bläst Feuer in meinen Ohren)

Konstantinopel ist aus Metall.
Du durchquerst ihre Wege.

Diese junge Frau war sehr schlecht in Geschichte und
Geographie
aber sie nimmt an, dass die ottomanischen Türken
(schöneswort)
vor mehreren Jahrtausenden
jene Stadt besetzt haben, die jetzt deine ist.

1968

Und die Schiffe von Ithaka

Zur Erinnerung an Berta Alfonso

Es kommen und gehen die Schatten
auf den Palast der Stadt.
    Ich will hier bleiben,
vor diesen alten kalkstichigen Stadtmauern,
um den Tänzer
gegen den Himmel zu bewundern,
gefangen in der lebhaften Luft
die über Griechenland weht.
Ihn unter den Wolken tanzen sehend
bemerkte ich kaum,
dass die Arbeiter die Mauern errichtet hatten
und dass die Kaufleute
ihre erlesenen Kaufwaren aufstellten:
     Ebenholz
         Perlmutt
            Bernstein
               Parfüme.

Der Nachmittag streut einen weißen Rauch
auf die Hügel.
    Und über einen der Hügel,
schleudert der Tänzer, zwischen Felsen und Kräutern,
wie ein Riese beim Klang der kleinen Flöten
seinen gertenschlanken Körper
und seinen Schwanenhals
dem natürlichen Rachen von Ödipus entgegen.

Die ultravioletten Eidechsen
wollen seine Kleider zerreißen.

Ich wollte hier bleiben
um das erstarrte Glas der Sockel zu betrachten
und die dämonische Brise zu genießen
die sich spurlos auf den Rosen von Edessa legt.
Und vor Jorge Esquivel feiern die Schiffe von Ithaka
seine Bewegung in Wellen,
das Spannen seiner Muskeln.
Odysseus selbst
entfernt das Wachs aus seinen Ohren
nicht um das Lied der Sirenen
sondern um das verwegene Geräusch zu hören
das seinem straffen Körper entspringt.

Es kommen und gehen die Schatten vom Meer aus
und rutschen über die Sonnenteppiche
und der Tänzer, wie ein gelber Gott,
kommt und geht zwischen den Amseln,
geht und kommt zwischen den Schatten
als der Nachmittag in Griechenland
ruhig zu Ende ging.

1982

Labyrinth

Die Männer, in ihrem Wassertraum,
schauten gen Himmel
als suchten sie eine Erklärung in den Wolken
und eine fremde Hoffnung.
Zwischen Sonnenblumen, Rauch und Granatsplitter
schauten sie gen Himmel.
Rauch und Granatsplitter drehten sich zu einer Spirale
zwischen einem Turm und den Sternen.

Die Frauen, in ihrem Wasserreich,
näherten sich lachend
als ob sie sonderbare Kreaturen suchten
in einer seltenen Stille.
Sie kamen,
sie kamen vom Meer und ihr Lied stieg
zu ihrem Obst und ihren Körben hinauf. Sie kamen.
Die Frauen besangen
den Wind, den Freund, mit Sand beladen,
als das Pulver sich
bis zur Spitze der Kometen erhob.
Die Frauen obdachlos,
mit ihrem Blut weit weg zwischen Korallen,
gestapelt unter den Panzern
wie sehr trockene Steine,
fast im Schlaf, wie Steine in der Brunst.

Die Kinder, in ihrem Wasserreigen,
ließen ihr Riesenrad ertönen
im verlorenen Schatten der Innenhöfe,

im sonnigen Innenhof der Seelen in Not.
Die verstümmelten Kinder
ohne ihren Reigen von gestern:
nicht altmodisch, nicht modern.

Die Alten dienten als Futter zur Einweihung
für die Geier auf ihrer Suche nach Beute.
Die Gefangenen, die Frauen,
die Kinder und die alten Frauen,
die Alten wie Sphinxe
ohne Fenster oder Tür,
ohne schlagendes Herz,
wie ein Kreuzgang von
alten Todesschädeln ohne Besitzer,
wie ein bestimmtes Labyrinth,
aus Phosphor und Wehklagen.

Und der Schritt dieser Männer,
heulend, nackt, in einem Labyrinth.
Und das Lied der leichenblassen Frauen
für immer zum Schweigen gebracht.
Alte Männer und alte Frauen und eine komplette Fauna,
wie ein Labyrinth,
und ein Laub in seiner Asche tanzend
tot
und der Traum der Kinder
wie ein grausames Labyrinth
wie kaum ein Labyrinth,
wie ein Labyrinth,
wie ein totes Labyrinth,
wie ein Labyrinth,
tot, ja,
für immer tot.

In welchem Jahrhundert sind wir geboren?
In welchem Jahrhundert sind wir jetzt?
In welchem Jahrhundert leben und träumen wir
diesen furchtbaren Alptraum
wie ein Labyrinth?

Dies ist der Reigen seiner Toten.

Heim

In einer altbekannten Landschaft stehen
mitten in ihren Lichtern
am Lauf eines gewissen Sees,
dessen Wogen sich schon zeitlos glätten,
ohne Minuten, ohne Sekunden der vergangenen Zeit,
wie beim Heimweh nach den letzten Träumen
jenes Troubadours.

Dicht am vagen Umriss eines spärlichen Waldes segeln,
wo das Ohr eines *güije* schläft.

Ein fernes Lied hören
das durch die Nacht tönt
unter den Schatten der fremden hohen Wolken,
eingedrungen in die Zweige
der kleinsten Sträucher.

Ein Lied kommt und geht
zwischen den Lüften der Reigen.
Zwischen dem Reigen der Lüfte
kommt und geht ein Lied.

Du hörst ein Lied,
nur ein Lied, ein einziges Lied
und einen trockenen Aufschlag von fernen Gewässern,
so fern wie die befreundete Melodie,
die auf den Lippen der Bogenschützen tönt.
Ein gewisses Lied.
Ein Pfeifen von Federn,
die in die Schlucht der Steilküste fallen.

Ein Lied so gewiss
wie die Freundschaft.

Du stehst vor der Geborgenheit eines Heims
gedankenlos, ohne zu bemerken,
dass die Regenzeit bald anbricht
mit ihren Windstößen, ohne Ziel,
blitzartig wie die Leber der Hirschen,
die im ewigen Weiß der Arktis zum Platzen kommt.

Du kommst zurück

Für Antonio Guerrero

Vom Süden her, das Gesicht zur Sonne, klopfen wir an deiner verschlossenen Tür, um dir unser Wort zu überbringen das in seinem grausamen Traum aber mit wachem Auge die Wahrheit sagt über die Spur des Entsetzens wie auch über die Kraft der Liebe.

Deine Gedichte haben die Mauer durchquert, die dir jetzt unsere Gedichte zurückbringt, geprägt vom Sand und Stein der Umgebung von Pilón, in dessen Landschaft sich, siegreich, deine Stimme und deine Hoffnung gepflanzt haben, denn mit denen konnten wir zusammenleben und mit denen haben wir auch am Ufer dieser Bucht gesungen, vor dem Gebirge. Du bist nicht allein weil du unser Wort weil du unsere Hoffnung bist. Und du wirst nie mehr allein sein weil dein Schmerz sich für uns in Tau verwandelt weil deine Einsamkeit, Gipfel oder Abgrund, voller Träume ist.

Wir werden mit dir träumen. Wir werden dich nach diesen Bergen und diesem Meer bringen denn du kommst zurück wie ein vertrauter König denn schon kommst du zurück und wir wollen glauben, dass dies deine Rückkehr ist:

Hier gibt es Vögel, Sterne, Regen, Flüsse, Bäume, die Obst und Schatten geben…
Dies ist dein Haus.

Weil das Wort ist dein sichtbares Haus.

Denke daran, Hüter der Schilder, dass bald der Tag anbricht an dem wir zusammen die endlose Hymne der Liebe anstimmen werden.

Ensenada de Mora
Pilón de Manzanillo
7. September 2003

Mein verlassener Park

Die höchsten Bäume
heulen umgeworfen
im Duft ihrer Blätter,
Blätter die im immerwährenden Tanz
auf die harten Bänke ohne Erinnerung fallen,
Einzelgänger in Blüte,
schweigende Einzelgänger des Augenblicks,
in dem die Blätter jenes so sanfte Bett bestücken
worauf die Vögel schlafen werden, ohne Ziel,
mit ihren Träumen darunter.

Niemand kommt singend vorbei
mit einem Wiegenlied auf den Rändern der Dächer.
Niemand schaut hin.
Niemand kommt diesmal vorbei.

Die niedrigsten Bäume
ließen ihren winzigen Schatten schon fallen
wie an der Wasserscheide,
auf dem enormen Gespenst des Nachmittags,
das einfache Gespenst vor dem alle fliehen,
die Reifen und die Sprünge,
die Mandolinen und der Mond,
das Mädchen mit ihrer alten Stoffpuppe
das auf einem weißen Stein sitzt,
auf einem schwarzen Stein,
schon wieder auf der Suche nach einem Hirngespinst.

Eine Meeresbrise schleicht sich zwischen die Blätter
wie das Rauschen der Wasserfälle,
weißes Salz und Schaum sprühend
und die Schmetterlinge verziehen sich hin zu einem neuen
                                    Regenbogen,
ruhig in ihrer flatterhaften Unruhe,
ruhig in ihrem wirbelnden Flug zwischen den Zweigen
unter den Windstößen und ihrem unaufhörlichen Blitz.

Das Laub des Mastixstrauches
fliegt langsam gen Himmel.

Niemand kommt singend vorbei.
Niemand sieht uns.
Niemand hört mehr
ihren Flug oder meinen Schritt.
Schon gibt es kaum noch Licht
kaum noch Wind
auf den Pfaden, die zu noblen Statuen führen,
bestimmt für den Schritt der Vorbeigehenden und ein
                              gewisses Vergessen.

Niemand kommt pfeifend vorbei.
Es geht niemand vorbei.
Kcine einzige Alte,
    kein einziges Kind kommen vorbei.
Nicht mal die Hunde haben ihre Schnauze gezeigt.
Niemand kommt singend vorbei.
Gibt es niemanden zu dieser Stunde?
Vielleicht wird nichts geschehen.
Wer weiß es?
Alleine, einen Dolch von Licht in die Eingeweide gestoßen,
schlendere ich durch diesen Park,

meinen verlassenen Park,
wo das Leben vorüberzieht ohne mich zu sehen.
Ein Haufen Blätter bleibt
in einer verlassenen Quelle,
ein Haufen Blätter,
Blätter so grün,
Blätter trocken schon von so viel Tagesanbruch.

1964

Die Hand ist sehr dunkel

bonne pensée du matin

Arthur Rimbaud

Die Hand ist sehr dunkel
und kommt bis zum Mund

und dort sucht sie keinen Schutz

aus Angst

Wer trifft morgens auf seine Augenbraue?

Die Hand ist sehr dunkel Herr Eule
nur das Auge ist heller

und es ist Tag

Ausgewählte Gedichte
ab dem Jahr 2010

Das ziellose Vögelchen

Das ziellose Vögelchen setzt sich auf meine Schulter
und es erstrahlt ein ganzer Lichtbogen neben mir.
Ich erschrecke, als ich zwischen seinen Krallen
eine Blutspur und so einen unbeschreiblichen Dreck entdecke.
Wo setzte es sich hin, bevor es sich auf meiner Schulter
                                            niederließ?
Meine Augen schauen zum Boden und erhaschen vielleicht
eine ehemalige Landschaft die nur
aus einer Stadt, durchsiebt von Schüssen, besteht,
eine kleine Stadt von Panzern
und Staub und konkretem Tod überfallen.
Wo hat sich
meine kleine Freundin, ziellos jetzt, vorher hingesetzt?
Das ziellose Vögelchen sieht einen Spatz vorüberfliegen,
es wendet seine Flügel gen Himmel,
ohne den Zufall dieser Begegnung zu beachten,
ohne zu verstehen, was geschieht.

In den Gezeiten

Yahoo Nachrichten: in letzter Minute
16:24:35

Mindestens 12 illegale Migranten
ertrinken auf der Höhe von Tunis

In den Gezeiten des Cyberspace
treiben die schon erstarrten Körper
dieser zwölf Migranten
mit einer schäbigen Stange zwischen ihren steifen Fingern,
im fast mediterranen Licht der Gezeiten
nicht virtuell, sondern präsent in ihrem Korallensalz
in dem etliche Beine balancieren
wie Weichtiere, verloren zwischen den Beinen,
nicht virtuell, sind sie wie Statuen
auf einer gigantischen schwarzen Flamme,
oder einem abgenutzten Ladungsraum
eines Landrovers.
Die Haare
nass wie auch ihre leblosen Schultern
wie der Schaum und das Salz der Korallen.

Begraben liegen die Namen der Migranten
in der Ebbe der Buchstaben,
der Familien der Buchstaben
im Seufzen alter Linotypes,
durchschnitten von rostigen Seilen,
zurückgelassen von einem Kreuzfahrtschiff, hoch und glänzend,
weiß wie Schaum, auf dem Weg zum Peloponnes.

Es sind traurige Ertrunkene.
Es sind gewiss Migranten
mit Passierschein, um sicher an Bord
irgendeines ungewissen Segelschiffes zu gehen, das die
                              Gezeiten durchkreuzt
und dessen Besatzung ihre digitalen Fotos sucht
um, triumphierend, zu Hause,
damit zu prahlen.

Ein Ertrunkener
ist nichts Anderes
als ein Wanderer
ohne Ziel.

Ein Lebenskünstler mit tragischem Ende,
der sich wiegt
zwischen den schweigenden Wellen,
dieselben Wellen, die den jungen Odysseus begleiteten,
als er nach Ithaka zurückkehren wollte.

Ein Ertrunkener
ist nicht anders
als ein Kahn
ohne Ziel.

Ein Migrant ist ein unfreiwillig Ertrunkener
ohne Beerdigung und ohne Blumen
aus Leibeskräften schwimmend
in den Kabelnachrichten der virtuellen Welt.

Nur die Kabel des Cyberspace
werden ihre schon leblosen Körper erwähnen,

eingetaucht in eine Kathedrale von Gleichgültigkeit
über stürmischer Flut oder Ebbe,
mit einer Ziffer,
zu den Spiegeln geworfen,
weit unter unseren Erwartungen.

So war die Nachricht,
sanft und süß,
wie Seide aus Bagdad
die zu einer Ecke von Córdoba,
zu einem Turm von Almería fliegt.

Es ist so normal, so akzeptiert,
die Nachricht von den *pateras*
die leer kentern
der bemoosten Schädel überdrüssig
mitten in einem reglosen Meer,
ohne Geräusche, mit der Fahne der Friedhöfe
verankert im Herzen der Fischer
die sie zufällig finden.

Es kommt ein Segelschiff vorbei
ohne den Taumel der Ertrunkenen zu hören
auf der Höhe von Tunis.
Weil es Tunis ist
und weil es sich um afrikanische Ertrunkene handelt
ist ihr tragisches Schicksal nur der Name
einer täglichen Tragödie
mitten in der Straße von Gibraltar.
Es gibt keine Forderungen. Es gibt keine Proteste.
Es gibt keine Verurteilung. Es gibt keine Interpretation
des Geschehens.

Es gibt keine Anklage. Es gibt gar nichts.
Nur Nachrichten.
Nur Ertrunkene in den *pateras*
schon ohne Atemhauch.

Wenn dieser ganze Horror
sich auf der Höhe der Bucht von Havanna abgespielt hätte,
würden die Schlagzeilen den heroischen Charakter
der Ertrunkenen betonen
und ihr unabdingbares Recht
der Hölle von Castro zu entfliehen
um Schutz zu suchen
bei der Freiheit des amerikanischen Traums.
Man hätte sich nicht damit zufriedengegeben, nur die
Zahl 12 anzugeben,
deren Schatten Leben und Werk
der zwölf illegalen Migranten beerdigt.
Man hätte sich nicht damit zufriedengegeben, sie zu
nummerieren wie Vieh,
soeben ertrunken in einem Seebeben
das der Wettervorhersage im Fernsehen entgangen war;
man hätte ihre wirkliche Herkunft,
das Territorium ihrer Kindheit
dort in der anonymen Kasbah von Algiers, der weißen,
oder im Sand der gewaltigen unendlich großen Wüste
genannt.
Nein.
Nein, es reicht nicht, dass sie tatsächlich ertrunken sind.
Es macht nichts aus, dass es so gewesen ist.

Währenddessen schläft die Stadt Genf
ihren gewohnten Traum,

ihren ruhigen und menschenfressenden Traum,
gar nicht virtuell.
In diesem Traum steckt
die Justiz ihren Vogelstraußhals
in die Tiefe des Kalksandes.
Und dort, auf der Höhe von Tunis,
ist nichts geschehen.
Was hat geschehen können?
Was wird geschehen?

Die runden Planeten
oder Das Urteil der Schlangen

Die Planeten bewegen sich
wie die glänzenden Blätter des Drachenbaums
sich bewegen,
lang, spitz, vor dem Haupttor,
in Kontrast mit dem blassen Blau
eines fahlen Himmels
auf den Zungen der Schlangen,
deren Schatten bezeugen, dass die Planeten rund sind
während ihre Körper nach Tau und Kokos riechen
und, dann,
nach dem siedend heißen Rauch eines ungerechten
                              Kugelsplitters,
blindlings geschossen;
Schlangen, deren Schatten sich in Bewegung setzen,
wie die Planeten, die sagen, dass
die Zungen der Schlangen rund sind.
Allein und fremd,
beim Erwachen der Samen,
unter der vertrauten Sonne
der Tropen im September,
bewegen die Blätter des Drachenbaums
ihr eigenes Licht bis nach oben zu den Dächern,
unter die Windungen der Schlangen
und dieses blasse Blau von uns,
ohnmächtig, wie der ungewisse Frieden von September.

Hatte ich einen Freund?

Zur Erinnerung an Nazim Hikmet

Ich hatte einen Freund und heute frage ich mich ob ich einen
Freund hatte.
Einen wirklichen Freund, wie die Palmen auf den andalusischen
Zeichnungen von Federico.
¿Hatte ich einen türkischen Freund, irgendwann, an den
Ufern des Bosporus,
Sehnsucht nach seinem Gesicht in der Erinnerung
vor den zitternden Gewässern die beinahe blau strömten,
mitten im Licht von Istanbul,
strahlend wie Augen,
wie die Visionen und die Hoffnung meines Freundes…
in Istanbul?

Da sind die Gesänge der Sirenen, die friedlichen
Morgendämmerungen,
die leuchtende Rose in der Hand eines schönen Mädchens,
die Rauchwolke, die aus ihrer Fabrik hervorqualmt,
die kleine, wie ein Vogel fliegende afrikanische Statue,
das Geschrei eines Babys ohne Kinderwagen
und das dumpfe Knarren eines Panzers
den sie nie demontieren konnten
dessen Räder rattern und die Steine
vom Straßenpflaster, immer noch blutbefleckt, zermalmen.

Der Krieg kehrte zurück, wieder, der Krieg ist zurück
aber die Geister, die mit der Erfahrung einhergehen,

und ich,
wir versuchen vergebens, den Freund zu umarmen,
meinen Freund,
der hemmungslos weint,
wie ein Kind mitten auf einem leeren Platz.

Ich hatte einen Freund und heute frage ich mich, ob ich
einen Freund hatte.

Manglar, 2. August, 2017

Geburtstag von Juan Formell (Havanna 1942) und
María de los Ángeles Santana und Marta Pérez

Pitter Patter?

für Guillermo Rodríguez Rivera, in Memoriam

Der Clown rennt, wie die Kaninchen,
unter dem Zirkuszelt.
Den kleinen runden Ball auf der Spitze seiner roten Nase,
zickzackt er unter der steifen Plane.

Die Kinder sterben vor Lachen und springen, hemmungslos,
auf die Bühne.
Einige Erwachsene helfen und stürzen sich auch ins
Abenteuer,
als ob sie sie vor einer eingebildeten Gefahr retten müssten.

Der Clown rennt weiter
im Schutz des Mondscheins,
der jetzt aus einem unsichtbaren Loch hervorbricht.

Die Kaninchen des Zauberers rennen viel schneller
entzückt durch die Herausforderung der Kinder,
ihre Ohren spitzend
an gewissen Kegeln vorbei
die schweigen
während sie ruhig
zu Füßen des Mädchens rollen,
das einzige Mädchen, das traurig, ganz traurig wird,
wenn es die Melodie einer alten Liebesballade hört.

pitter patter, pitter patter
Love is gone so what can matter

Prosazeilen für César Vallejo

für Roberto Fernández Retamar, noch einmal

Der schwierigste Moment im Leben
man weiß nicht, welcher es ist.
Diese Prosazeilen werden es gewiss erklären können:
Eine Frau sagte:
Der schwierigste Moment in meinem Leben war als die
treue Hand von Rosa, aus Bayamo, das reichlich strömende
Blut eines Enthaupteten nicht mehr aufhalten konnte in
den Feldern von Duaba, dicht am Meer.
Eine andere Frau rief:
Das Dach meiner Kinder fliegt davon, weil die Gezeiten,
die bis an die Etagen kamen, es hochdrücken wegen eines
heftigen Orkans, so wie die Stunden im Oktober, brutal
und überraschend, die Ufer des Maisí leerfegen.
Und eine andere Frau sagte:
Der Reis und das Zuckerrohr vertreiben uns jeden Tag
den Hunger.
Und jene Sklavin, mundtot gemacht, stöhnte:
Der schwierigste Moment meines Lebens war, als ich, im
Gebüsch, den Maulesel nicht besteigen konnte, um zu
meiner geliebten Palenque hochzureiten.
Und eine andere Frau sang:
Die Einsamkeit gibt es nicht / in der Dämmerung, nein.
Eine andere Frau sagte weinend:
Der schwierigste Moment meines Lebens ist es, in Mossul
den winzigen toten Körper meines Neffen zu tragen.
Eine andere Frau fragt schluchzend:
Stimmt es, dass der schwierigste Moment eines Lebens

andauern wird, weiter geht zwischen den Rauchschwaden
auf den Straßen von Qana, gestern, oder der verstreuten
Asche in Aleppo bei Tagesanbruch?
Und jener Dichter, dessen Geliebte nach Parfum von
»junco y capulí« roch, beichtete: Der schwierigste Moment
meines Lebens war meine
Gefangenschaft in einer Zelle in Peru.
Seine Poesie schlägt ihre Flügel gegen das Feuerwerk
der Sprache.
Viele Jahre später schrieb ich in seinem Namen, die schwar-
zen Herolde … erster schwieriger Moment, der schwierigste
Moment meines Lebens …
Du öffnetest die Wörter mit einem krummen Dolch.
Du öffnetest sie mit deinem Körper in der Zelle wie eine
zerbrochene Vase, und du hast sie dir zu den deinen ge-
macht, nicht von irgendeinem, im Handstreich genommen,
ohne sie von jemandem auszuleihen.

El Cerro, 15. April, Ostersonnabend, 2017

Trennen ist einfach

Trennen ist so einfach wie der Sonnenaufgang.
José trennte sich von Lola wegen einer neuen Liebe.
Lola trennte sich von José, es blieb ihr nichts Anderes übrig.
José und Lola trennten sich.
Sie lebten im gleichen Haus.
José redete mit seinem Chef, der vollstes Verständnis hatte.
»Chef, ich trenne mich von Lola wegen einer neuen Liebe.
Ich brauche ein Haus, das genauso neu ist wie meine Liebe.«
Der Chef stimmte zu und die Türen des Büros schlossen sich.
Einen Monat später hatte José sich schon mit seiner neuen Liebe
in einem alten, aber gut renovierten Haus installiert.
Lola verlor einige Kilos und ihr Haar bekam eine Mahagoni-
Farbe.
Trennen ist so einfach wie der Sonnenaufgang.

América-Theater

Er sah den Haupteingang, Art Deco-Stil,
aber er hielt nicht an.
Er kam zu einem Café in der Nähe, setzte sich und
bestellte einen Cappuccino.
Er nahm den ersten Schluck. Er seufzte. Er suchte sein
Handy
und einige Trugbilder traten in sein wirkliches Leben.
In einer der Taschen seines Hemdes
fand er eine Einladung für das América-Theater,
Art Deco-Stil.
Wer konnte daran zweifeln?
Das Datum sagte 26. Januar und er erinnerte sich:
»Ein Monat nach Amaurys Geburtstag.
Wie konnte es sein?«
Es war am 26. Januar 2018
als seine Augen das Datum auf der Einladung lasen:
26. Januar 2013.

Die Zeit ist vorbeigegangen, für Amaury, für alle,
aber nicht für das América-Theater.

El Cerro, 26. Januar 2018

Gedichte aus dem Jahr 2020

Madrigal für einen schwarzen Prinzen

An den Leser

Diese Gedichte habe ich in einem Anfall von Trauer und Verzweiflung geschrieben, als ich in Havanna die Nachricht des Todes von George Floyd in Minneapolis bekam, gestorben durch die Hand eines lokalen Polizisten, am 25. Mai.

Wie war solch ein barbarischer Akt mitten im 21. Jahrhundert möglich?

Die Gewalt des Ku-Klux-Klans, der im vergangenen Jahrhundert zahlreiche Opfer ungestraft ermordete, ist eine Gegebenheit, an die wir uns erinnern sollen, wie auch an die Vorherrschaft einer grausamen und wachsenden Ungleichheit, alarmierend, in unserer heutigen Zeit.

Ich kenne die Geschichte der schwarzen Menschen in den Vereinigten Staaten und dieser sogenannten Minderheiten, auch diskriminiert, die sie unterstützt haben in ihrem Kampf um die vollständige Würde ihres menschlichen Daseins in einer Nation, gegründet von Patrioten wie, unter anderen, Abraham Lincoln, Frédéric Douglass und Sojourner Truth, und auch von Immigranten verschiedener Herkunft und aus zahlreichen Breitengraden.

In jener Geschichte gibt es Namen, welche oben auf der Liste stehen, wie die von Percy Irwin und Isaac Ulms, schwarze Arbeiter, die eines angeblichen Diebstahls von fünfzig Cents beschuldigt wurden, weshalb sie zum Tode verurteilt und hingerichtet wurden in einem Gefängnis von Killy, Alabama, am Anfang der dreißiger Jahre des zwanzigsten Jahrhunderts. Vergessen ist unmöglich. Städte

wie Charleston, Savannah, Eatonton und New Orleans
haben massenweise ihre besten Söhne und Töchter ver-
loren.

Meine Gedichte für George Floyd wollen seine Er-
mordung anklagen und den Leser dazu einladen, sich an
eine Vergangenheit zu erinnern, die »mit immer stärke-
rer Kraft« zurückkehrt, wie José Martí, Bewunderer von
Walt Whitman und Ralph Waldo Emerson, bemerkte,
und sie sollen in diesen Kapiteln aufmerksam machen auf
die unzulässige Gewalt und das unzulässige soziale Un-
recht, die unsere menschliche Existenz verachten und fast
täglich versuchen, sie auf ein Nichts zu reduzieren.

El Cerro, La Habana, 28. Juni 2020

Tödlich

Der Mörder, mit seiner dumpfen Pupille,
schleudert von seinem Käfig aus
seinen Tropfen Essig
in einen Ozean von Honig.
»Armer Teufel«, sagten die Sterne.
Der Tropfen Essig
ist die Privatdomäne von Derek Chauvin.
Der Ozean von Honig ist die aufsteigende Seele von
George Floyd.
Sein geöffneter Mund wird uns bleiben
wie der heilige Schoß einer Mutter
bei einer Geburt unter gestirntem Himmel.

Traum eines Henkers

Nachdem er sie gebraten hatte,
träumte der Henker davon, die Beine
und die kleinen Füße seiner entzückenden Beute zu verspeisen.
Als er schon anfing an den Schläfen,
an der schwarzen Haut, wie Pflaumenrosinen,
an der schwarzen Haut, bewegungslos vor dem Wind, zu naschen,
war dies alles wohl sein bester Nachtisch seit langem.

Derek Chauvin, Großvater von Jim Crow,
Schreckgespenst der Hölle.
Botschafter des schlechten Geistes,
ewig
wirst du dein Kreuz tragen müssen,
ohne Lorbeer, ohne Atem und ohne Stimme.

Blues für George Floyd

Flüsse entspringen aus deiner Kehle,
die das Getöse des Morgens überströmen;
trostlose Flüsse
unter einem traurigen Mond,
dessen Licht sich über deinen Körper ergießt,
und, pausenlos, den Mörder in Polizeiuniform denunziert.

Wir werden dich, hellwach,
mit einem virtuellen Brett hochheben;
mit deiner zerquetschten Kehle,
schon starr, verschüttet,
auf jenem schwarzen Teerboden.

Begleitet von deinen Flüssen,
tragen wir dich, vorsichtig,
unter den Hochhäusern,
mit deinem Körper, der einen Blues singt …
während du mit den Flüssen sprichst,
getreu deiner alten Herkunft
am Fuße der Pyramiden.
Wir werden deinen Körper, unbesiegbar, hochtragen,
aus Bronze, Öl und kalter Luft.

Wir werden einen Blues singen.

Ein Blues, gesungen von Müttern und ihren Söhnen.
Ein Blues, gesungen von Töchtern und ihren Eltern;
von Jungen und von Mädchen
mit ihren Großmüttern, stillschweigend,
uns immer beschützend.

Ein Blues, herangeschafft von hunderten Neffen aus
weiter Ferne,
für immer Spielball der tragischen Luft des nahenden
Sommers.

Und zwischen deinen Flüssen
fließt ein Regen von vergossenem Blut,
in unserem Blut wiedergeboren,
auf dem schwarzen Asphalt
mit dem Ruf nach Gerechtigkeit.

Wie ein Nest

Der Körper von George Floyd ist das Flussbett.
Die Poesie ist sein Nest,
die Vögel sind seine Herren.

Der Körper von George Floyd ist das Flussbett.

Seine Seele ist das Wasser, das fließt, mit seinem Duft,
von den Bergen,
in das azurblaue Meer,
in alle Flüsse …

Der Körper von George Floyd ist dieser Fluss …

Zwischen den Weiden

Ich war ein vertrockneter Kadaver,
als Derek Chauvin mich in den Fluss warf.
Traum oder Wirklichkeit, das Einzige, was ich weiß, ist,
dass ich in den Fluss geworfen wurde.
Die Gewässer jenes Flusses
pochen in meinen Adern
und machen mich stark
wie die Gewässer aller Flüsse.
Und ihre Trauerweiden lassen mich verharren,
ewig treiben,
zwischen beiden Ufern,
im Schatten der Lorbeerbäume und der Zedern,
und des edlen Bambusrohrs.
Die Kreuzfahrtschiffe spucken hundert Ströme schwarzen,
schweren Rauchs.
Das alte Steuerrad einer Galeone schaukelt in meinen Adern.

El Cerro, 7. Juni 2020

Tanz des Windes

George Floyd, vielleicht,
wollte weit in die Höhe fliegen,
so hoch wie ein Falke
und bei seinem anstrengenden Flug hörte er
den süßen Gesang der Nachtigall nicht
aber George Floyd beherbergte, allein, in seiner Brust,
den Stolz der Löwen.

Schwarzer Orpheus

Schwarzer Orpheus, schlafend,
küsse ich deine vollen Lippen,
Schild der Gewässer des Nils
die den Weg
zur Freiheit beleuchten.

Dein Tod hat einen Kompass erfunden,
der unserer Seefahrt Richtung gibt
und uns
in den Glanz einer gesicherten Gleichheit führen wird.

Schwarzer Orpheus, aufgewacht,
küsse ich deine vollen Lippen
und, dort, ruhe ich im Schwanken deiner Bewegung.

Ballade von Emmett Till

In seinem Kristallpalast entspringt ein Fluss
und das traurige Antlitz eines schwarzen Kindes,
Emmett Till,
schwebt zwischen den Gewässern.
Kreuz oder Lorbeer?
Dorne oder Blume?

Worauf deutet dein Schweigen hin?

Ein Rosmarin in seinen Händen
zeigt uns den Weg,
seine verschütteten Augen unter dem Gewitter.

In seinem Kristallpalast gibt es einen Fluss.

George der Gewässer, der Brücken und des Asphalts,
hörst du?
wirst du hören?
die ewige Ballade von Emmett Till?
Für dich gesungen,
und sie prägt dir
diese Worte ein:

»Das Licht muss siegen
und unsere Haut wird nie mehr etwas Verbotenes sein.«

In seinem Kristallpalast: ein Fluss.

George Floyd verteidigt seinen Horizont

Die Pupillen haben keinen Horizont
Federico García Lorca

Engel oder Teufel, George Floyd
hatte das Recht, die Sterne zu betrachten
und einen Horizont,
geliehen oder gemietet, wie auch immer,
zu suchen.

Die Heilige Schrift
spricht über die Engel
wenn sie den Teufel betrügen, absichtlich.

Engel oder Teufel, George Floyd
hatte das Recht, ein Leben zu haben,
die Sterne zu betrachten,
während er einen Horizont suchte,
seinen und ewig:
einen Horizont.

Ein schwarzer Prinz für George Floyd

Obwohl es sein Traum war, dich in den Mississippi zu werfen,
hat jener Kannibale, glanzlos in seiner Uniform,
stillschweigend seine Knie
auf deinen wehrlosen Hals gebrannt.
Der Rauch deines Fleisches wird in den feuchten
                                    Himmel aufsteigen.
Explodierend inmitten von Blumen,
verfolgt die Luft deiner Bronchien sein Gespenst,
bis sie den blutigen Eckzahn
des Kannibalen geschliffen hat.
Und du atmest, ungezähmt, auf dem nassen Asphalt,
unter dem ruhigen Schatten eines Apfelbaums
in Minneapolis,
wo wir, für dich,
diesen strahlenden, diesen wundervollen,
unseren schwarzen Prinzen aufstellen werden,
zu deiner Erinnerung.

El Cerro, 4. Juni 2020

Somebody

Because the »Negroes« were coming down the street

Gwendolyn Brooks

Du warst jemand ohne Stimme
und ich hörte dich ein unbekanntes Lied singen.
Du warst jemand ohne Sprache
und schon bist du ein Dichter.
Auf dieser Erde hatte niemand deinen Namen gekannt
oder deine Geschichte.
Schon kannst du atmen. Schon atmest du.
Du bist in das Leben gekommen wie ein brünstiger Monarch,
um uns alle deine Geheimnisse preiszugeben …
Und ich höre dich sagen:
»I am somebody«, »I am somebody«.

Parabel

Hier liegt George Floyd
auf einem Wagen aus schwarzen Wassern
gezogen von schlafenden Pferden.

Das ganze Firmament
stürzt vor seinem Schatten in sich zusammen
wie ein Himmelsbrot ohne Psalmen,
wie ein langsam fließendes Bächlein.

Hier liegt George Floyd.

Dein Körper wird ein Baum sein
der mitten im Wald wächst
im Duft des Tagesanbruchs
und der wolkenlosen Nacht.

Jene Blätter werden nicht ins Leere fallen.
Jene Blätter, in ihrem grünen Ritual,
werden auf die feste Erde seiner Vorfahren fallen,
gepflanzt aus Hoffnung und Farnkraut,
auf dem brennenden Gebiet,
auf dem ganzen Planeten
und sie werden zur Veränderung in einer anderen
                                          möglichen Welt
zum Guten
beitragen.

Hier liegt George Floyd.

Über Nancy Morejón

Von Ineke Phaf-Rheinberger

In diesem Band sind alle bis heute ins Deutsche übersetzten Gedichte von Nancy Morejón versammelt: entnommen den bereits auf Deutsch vorliegenden Gedichtbänden *Ruhmreiche Landschaft*, *Augen* und *Wilde Kohlen*. Erstmals übersetzt wurde für diesen Band der Gedichtzyklus *Madrigal für einen schwarzen Prinzen*, der 2020 in Havanna erschienen ist. Nancy Morejón, 1944 geboren, ist eine bekannte kubanische Autorin. Seit den 1960er Jahren hat sie regelmäßig Poesie veröffentlicht, geprägt von Wortspielen, Rätseln, Stimmungsbildern, Visionen oder ihrer schriftstellerischen Reaktion auf politische Ereignisse in ihrer Heimat und weltweit. Sie ist außerdem eine ausgewiesene Spezialistin für karibische Literatur und war zweimal Direktorin des Zentrums für Karibische Studien der Institution Casa de las Américas in Havanna.

Mittlerweile ist Morejón in Deutschland, den USA, Spanien, Frankreich, England, Mazedonien, Serbien und Ecuador mit Buchausgaben ihres Werks präsent. 2009 erschien die erste spanischsprachige Monographie zu ihrem Werk: *Soltando Amarras y Memorias. Mundo y Poesía de Nancy Morejón* (Fesseln lösen und Erinnerungen freilassen. Die Welt und Poesie von Nancy Morejón), verfasst von Juanamaría Cordones-Cook. Die Sekundärliteratur zum dichterischen Werk der Kubanerin ist stetig angewachsen; es wurden ihr viele Ehrungen im In- und Ausland zuteil.

Afrokuba und Sozialismus

Morejón ist eine der wenigen Schriftstellerinnen Kubas, die sich als karibische Persönlichkeit versteht – nicht nur wegen des Klimas, der Menschen, der Kulturgeschichte und der Landschaft, sondern ebenso aufgrund einer Reihe von politischen Ereignissen. Wenn sie im Gedicht »Einfache Wahrheit« über Bauarbeiter spricht, redet sie von Kubanern, die auf Grenada einen Flughafen anlegten, als die USA im Oktober 1983 dort militärisch intervenierten. Auch steht ihrer Ansicht nach der Monat Oktober nicht nur für jene Saison in der Karibik, die Böen, Stürme, Orkane, Überschwemmungen und Zerstörungen mit sich bringen kann, sondern der Oktober ist auch der Monat der Kubakrise 1962, als der nukleare Wettlauf im Kalten Krieg beinahe einen neuen Weltkrieg zur Folge hatte. Der Oktober ist ebenso das Datum der Revolution in Russland 1917, der Geburtsstunde der zukünftigen Sowjetunion. Die Koinzidenz dieser Ereignisse, die Morejón in ihrem Gedicht »Im Oktober und der Wind« konstruiert, verortet sie in Havanna, ihrer Heimatstadt. Die Verse statuieren dieses Zusammentreffen und reihen das sozialistische Kuba mit seiner natürlichen Elementarkraft in die globale Geschichte der Poetik ein. In besagtem Oktober 1962 war Morejón achtzehn Jahre alt und als Einzelkind von Eltern, die in der Gewerkschaft organisiert waren, mit der sozialen Problematik bereits vertraut. Ihre Mutter Angélica Hernández Domínguez war Modistin und arbeitete in einer Tabakfabrik in Havanna, in der die Bedeutung von Erziehung und Solidarität traditionell hochgehalten wurde. Ihr Vater Felipe Morejón Noyola fuhr als Seemann durch die Welt und heuerte nach der Geburt seiner Tochter als Docker im Hafengebiet von Havanna an.

Wie ein roter Faden zieht sich durch Morejóns Verse die Suche nach Metaphern und Assoziationen, welche die schwarze Hautfarbe als kulturelle Eigenheit der Karibik hervorheben. 1962 versucht sie mit dem Band *Mutismos* (Mutismus) auf diese bis dahin kaum erwähnte Tatsache aufmerksam zu machen. In Morejóns Poesie gewinnen die äußere Erscheinung und der Körper eine spezielle Bedeutung, zum Beispiel in Verweisen auf die widerspenstigen Locken, die sich in alle Richtungen bewegen, oder durch Hinweise auf die Spuren der afrikanischen Diaspora. Dieser Leitgedanke entspringt ganz direkt Morejóns persönlichen Erfahrungen. Als sie an der Universität in Havanna Französisch studierte, wurde ihr wegen ihrer dunklen Hautfarbe ein Stipendium an der Sorbonne in Paris verweigert.

Ein Fenster zur Außenwelt öffnete sich für sie, als José Mario Rodríguez 1962 in Havanna für junge Schreibtalente den Verlag Ediciones El Puente gründete. Dieser Verlag wurde 1965 schon wieder geschlossen und seine Geschäftsunterlagen konfisziert. Das Experimentieren mit Nonkonformismus, sexueller Freizügigkeit oder afrokubanischen Tendenzen war damals offiziell verpönt. Aber Rodríguez hatte bereits Morejóns erste Werke *Mutismos* (Mutismus) und *La ciudad atribuida* (Die zugeteilte Stadt) publiziert. Im Verlag des Kubanischen Schriftstellerverbandes UNEAC folgte 1967 noch *Richard trajo la flauta y otros argumentos* (Richard brachte die Flöte und andere Argumente); erst 1979 konnte ein weiterer Gedichtband von Nancy Morejón erscheinen. Anschließend folgten in regelmäßigen Abständen neue Publikationen, und so kann die Autorin heute auf ein eindrucksvolles Œuvre blicken.

Nach ihrem Studium begann Nancy Morejón als Journalistin und Übersetzerin aus dem Französischen (Édouard Glissant, Patrick Chamoiseau u. a.) zu arbeiten und bekam die Möglichkeit, Gedichte und Übersetzungen in der Zeitschrift *Casa de las Américas* zu veröffentlichen. Kurz darauf wurde sie gebeten, eine Studie zur Poesie von Nicolás Guillén, dem kubanischen Nationaldichter, zu verfassen. Ihre Nähe zu Guillén kommt beispielsweise in dem Gedicht »Mississippi« (2002) zum Ausdruck, das an seinen 100. Geburtstag erinnert. Es beschreibt eine Wasserschlange, die sich einer ähnlichen Behandlung wie die afrokubanischen Sklaven in der Vergangenheit unterziehen muss und sich ständig erneuert, wie es die Rituale der afrokubanischen Religion *Palo Monte* verlangen.

In den USA gelang Morejón der Durchbruch mit *Where the Island Sleeps Like a Wing. Selected Poems* (1985). Andere Gedichtsammlungen in verschiedenen Sprachen folgten. Im Moment wird eine Gesamtausgabe ihres lyrischen Werks in Havanna vorbereitet. In Morejóns Poesie gibt es vielfältige stilistische Einflüsse. Sie verfasst Haikus, populäre Vierzeiler ohne Reim, freie Verse oder Epen. In ihren Prosagedichten greift sie traditionelle Rhythmen und wortspielerische Improvisationen auf, die oralen Überlieferungen entnommen sind und eine fast surrealistische Dimension annehmen, wie beispielsweise das Traumbild im Gedicht »Baumwollkissen«.

Wenn man Morejóns Poem »Träume sind politisch« zum ersten Mal liest, vermutet man höchstwahrscheinlich nicht, welche Intertextualität hier zum narrativen Text eines anderen Autors hergestellt wird: dem des Argentiniers Julio Cortázar, eines Meisters des literarischen Spiels.

Mit dem Gedicht »Schwarze Frau«, im Internationalen Jahr der Frau 1975 publiziert, wurde Morejón weit über die Region hinaus wahrgenommen. In Europa war damals die gleichaltrige Angela Davis in aller Munde, die als Aktivistin und Philosophin im Kampf gegen den Rassismus in den USA eine wichtige Rolle spielte. Morejón hatte in Kuba keine Bewegung gegen eine solche Ausgrenzung hinter sich, weil diese Probleme im Sozialismus ›sich von selbst‹ lösen würden, wie es auch in der DDR hieß. Ebenso wenig gab es zu jener Zeit im spanischsprachigen Raum der Karibik, Lateinamerikas oder Spaniens koordinierte Initiativen, um das afrikanische Erbe in der literarischen Öffentlichkeit sichtbar zu machen. Nancy Morejón ist also ein besonderer Fall: eine Autorin, die in einem sozialistischen Land konsequent die Problematik der schwarzen Hautfarbe erörtert. Kürzlich erinnerte sie an das Geschehen um George Floyd, der am 25. Mai 2020 von einem nordamerikanischen Polizisten ermordet wurde: ein Vorgang, den man auf Video in der ganzen Welt verfolgen konnte. Im Gedicht »Zwischen den Weiden« bettet Morejón den Kadaver in einen Fluss. Die Trauerweiden trösten den Ermordeten bis in alle Ewigkeit; der Tote ist mit Ruhm (Lorbeer) und Macht (Zeder) ausgestattet, während das Goyasche Gespenst von Derek Chauvin immer noch in der Welt herumirrt.

Städtische Kulisse

Die Stadt Havanna bildet einen Schwerpunkt in dem poetischen Werdegang Nancy Morejóns. Die verschiedenen Stadtteile sind allgegenwärtig in ihren Versen. Nancy Morejón selbst wuchs im lebhaften Stadtteil Los Sitios

auf, in der Peñalver-Straße, nicht weit entfernt vom Haupt-
bahnhof und dem Hafenviertel. Auch verbrachte sie
mehrere Jahre im Alamar, dem nordöstlichen Teil Ha-
vannas, der aus Plattenbauten besteht, die in den 1970er
Jahren von der DDR geliefert wurden. Morejón themati-
siert in ihrem literarischen Werk ebenso die Quinta de
los Molinos, einen Ort, wo früher die spanischen Gou-
verneure ihren Sommersitz hatten und Sklavenmärkte
organisiert wurden. Des Weiteren verweilt sie im Ve-
dado-Viertel, wo sich die wichtigen Kulturinstitutionen
befinden, im Cerro-Viertel mit seinen heruntergekom-
menen neokolonialen Prachtbauten, auf der Alameda de
Paula, einer breiten Allee, auf der man bei einem Abend-
spaziergang ein kühlendes Lüftchen verspüren kann, oder
auch in der Nachbarschaft des Cerro, wo ehemals die
kreolische Aristokratie wohnte. Und natürlich läuft sie den
Malecón entlang, die breite Promenade mit der Kaimauer
am Meer.

Vor dem Hintergrund einer solchen städtischen Ku-
lisse eröffnet sich ein Horizont, in dem sich ein Bestiarium
an Schlangen, Wachteln, Fischen, Eidechsen, Ameisen,
Kaninchen, Giraffen, Affen, Skorpionen und anderen Tie-
ren ausbreitet. In Morejóns Gedichten kommen auch Vö-
gel wie Albatros, Eule, Schwalbe und der blaue Vogel der
Poesie vor, dessen Farbe sich der *orisha* Yemayá verdankt.
Der *tomeguín*, der kleine Grasfink – in Havanna so all-
täglich wie ein Spatz hierzulande – wird des Öfteren er-
wähnt. Auch wenn es sich in der Regel um allgemein be-
kannte Tiere handelt, so weiß ein Außenstehender ver-
mutlich nicht, dass zum Beispiel die Wachteln in der
afrokubanischen Religion *Santería* zu den Opfertieren ge-
hören, in deren religiöser Hierarchie *orishas* wie Eleggua

oder Olofi wichtige Rollen einnehmen. Sie sind Teil des Kulturerbes der afrikanischen Diaspora, das sich in Kuba mit dem katholischen Glauben auseinandergesetzt hat. Dies zeigen ständige Verweise in Morejóns Gedichten, etwa wenn sie von »gottlosen« Gebeten, Kirchen, Kreuzen oder über Engel spricht.

In mehreren literaturwissenschaftlichen Studien wird auf die Bedeutung der Fortbewegung in der Luft im Werk Morejóns hingewiesen. Das lässt auf eine Verbindung mit dem Surrealismus schließen, für dessen Vertreter der Vogel die archetypische Figur par excellence war. Tatsächlich wiederholt sich diese Metapher bei Morejón immer wieder – als möchte sie damit ihre Anbindung an den Surrealismus explizit betonen.

Ihre Gedichte sind aber ebenso mit der Poesie von Aimé Césaire (Martinique) und Nicolás Guillén (Cuba) sowie der Farbe Schwarz verbunden: Auch für Morejón ist die Farbe Schwarz eine Metapher für Ankunft und Heimkehr, für die immer wieder neu zu bestimmende traumatische Erfahrungen des transatlantischen Sklavenhandels und des Sklavendaseins eine Rolle spielen. Die Diskussion über die Kulturgeschichte Lateinamerikas ist um die Jahrhundertwende unter dem Aspekt des Neobarock zu einem wichtigen Thema geworden. Ángel Rama hat bereits 1984 in seiner Studie über »Die gebildete Stadt« antizipiert, dass die zeitgenössische Popularisierung der urbanen Kulturen – angesiedelt zwischen traditionellen Ausdrucksweisen und modernen Kommunikationstechniken – den Barock wieder ins Gedächtnis rufen wird. Barock ist jene Periode, als die Kolonisierung Iberoamerikas in den neu gegründeten Städten koordiniert wurde. Der iberoamerikanische Barock kennt unzählige Verweise zu nicht-europäischen Kulturen in den Bereichen Architektur, Skulptur, Handwerk, Musik und Malerei. Auch die Poetik von Morejón reflektiert dieses Spiel der Täuschungen mit seinen vielen Elementen des Scheins. Nach Karl Vossler war der Barock die Epoche der Einsamkeit der Seele, und für Nancy Morejón gehört diese Einsamkeit gleichsam zur Gegenwart des karibischen Neobarocks. Es stellt sich die Frage, was barocke Kolonialgeschichte und neobarocke Revolutionsgeschichte miteinander verbindet. Der kubanische Autor Antonio Benítez Rojo gibt darauf in seinem bekannten Essay »Die Insel, die sich wiederholt« (1989) eine Antwort. Für ihn geht es in der Kulturgeschichte der Karibik um die Kontinuität der Rhythmen; und auch Morejón liebäugelt mit tanzbaren Sprachen und musikalischen Performances.

Die Erinnerung, das Schiff, der Ozean und Arthur Rimbaud

Miriam Decosta-Willis bezeichnet Nancy Morejón als »Daughter of Ocean Waters«, weil ihr Werk eng mit der Erinnerung ans Wasser und Meer verknüpft ist. Ozeane, Meeressymbole, Gewässer, nautische Karten, Flüsse und Schiffe tauchen bei ihr überall auf und schaffen einen fluiden Mikrokosmos. Das Schiff war zunächst eine europäische Metapher, um das Verlangen nach Freiheit, die Flucht aus kontinentaler Enge und die Sehnsucht nach Überseereisen voller Abenteuer und Gefahren auszudrücken. Solche kolonialen Repräsentationsmodelle bestimmen immer noch die Ikonographie der Reklamebilder für Kreuzfahrtschiffe, die Touristen zu diesen außereuropäischen Regionen bringen sollen.

Besonders beeindruckt war Morejón von der Poesie Arthur Rimbauds. Sein Gedicht »Le Bateaux ivre« (Das Trunkene Schiff, 1871) bildet diesbezüglich einen Höhepunkt. Der treibende Körper des lyrischen Ichs im stürmischen Meer erscheint im strengen Metrum von 25 Quartetten mit Alexandriner-Reimen. Rimbaud charakterisierte es selbst als »le poème de la mer« und erzeugt damit den Eindruck der Bewegung, des Sturms, der Wellen und unbekannter Fernen. Er erwähnt zweimal die Ertrunkenen, nachdenklich und schlafend nach unten treibend. Ebenso erwähnt er zweimal die Tatsache, dass dieses trunkene Schiff unter anderem mit englischer Baumwolle beladen ist, ein expliziter Hinweis auf den Anbau und die Feldarbeit auf den Plantagen Amerikas.

Morejón hat etliche Gedichte von Rimbaud übersetzt. Im Gedichtband *Wilde Kohlen* trägt das letzte Poem »Die Hand ist sehr dunkel« die Widmung: »bonne pensée du matin«, auch ein Zitat von Rimbaud. Dieses Gedicht von 1964 geht zurück auf eine Epoche explosiver Veränderungen in Kuba, die sogenannte romantische Periode der Revolution. Die damalige Aufbruchsstimmung macht plausibel, warum Morejón vom Pathos, der Protesthaltung und den emphatischen Ausrufen des »poète maudit« beeindruckt war, der nicht müde wird, den ungebrochenen Glauben an die Logik des Fortschritts zu hinterfragen und der seine kritische Haltung dadurch zum Ausdruck bringt, dass er sich mit einem Tier, d. h. einem schwarzen Menschen, einem »Neger«, identifiziert. In ihrem Essay »Hablar de Rimbaud« (Über Rimbaud reden, 2005) erinnert Morejón sich, wie sie durch die Lektüre von Rimbauds Versen zu ihrem eigenen poetischen Projekt inspiriert wurde. Sie studierte damals französische Literatur an der Escuela de Letras y Artes der Universität von Havanna: zu einem Zeitpunkt, als die Stadt sich schlagartig veränderte. Vor diesem Hintergrund eröffnete sich ihr das Werk des Franzosen als eine Quelle der Schönheit, und sie begann es zu übersetzen. Diese Übersetzung ist allerdings nie publiziert worden.

Es ist wichtig, darauf hinzuweisen, dass der Titel des Gedichtbandes *Wilde Kohlen* eine spezielle Bedeutung besitzt. Er spielt auf die Farbe der »Kohlen« im Roman *Cecilia Valdés* (1886) an, einer Sittenschilderung Kubas während der spanischen Kolonialzeit, verfasst von Cirilo Villaverde. Die Handlung ist in Havanna angesiedelt. Villaverde beschreibt, wie die sogenannte »Generation von 1830« die in jener Zeit herrschende Atmosphäre der Repression empfindet. Die bildhübsche Cecilia, ein uneheliches Kind, eine Allegorie für das damalige Kuba, ist die Geliebte des Sohns von Don Cándido, eines reichen Grundbesitzers und Reeders, der im Gespräch mit seiner Frau Rosa die »Kohlen« erwähnt. Es geht darum, dass der Kapitän seines Schiffes *Veloz* einen Teil der illegalen Ladung über Bord geworfen hatte, als er der englischen Patrouillen in seiner Nähe gewahr wurde. Don Cándido benutzt den Ausdruck Kohlensäcke *(sacos de carbón)* oder Gepäckstücke *(bultos)*, um zu vertuschen, dass es sich hier um menschliche »Ware« für den illegalen Sklavenhandel handelte – schon damals von den englischen Autoritäten auf den Weltmeeren verboten. Don Cándido kommentiert, dass dieser Ballast aus Afrika keine Seele habe – eine Meinung, die Villaverde allerdings explizit hinterfragt.

Der kubanischen Literatur verhaftet

Trotz ihrer tiefen Zuneigung zur französischen Sprache versteht Morejón sich als integraler Bestandteil der literarischen Tradition Kubas. Das Spanische ist ihr Ausdrucksmittel. Sie hat nie Zweifel daran gelassen, dass Nicolás Guillén – der Nationaldichter Kubas – eine große Präsenz in ihrem Werk hat. Er hat der spanischen Metrik »amulatado«, den kubanischen Rhythmus und Farbton gegeben. Seine Erfindung der dichterischen Figur des *Son*, einer dialogischen musikalischen Ausdrucksweise, stellt einen der wichtigsten Beiträge zur Poesie Kubas dar. Während in Morejóns Gedicht »Schwarze Frau« die Erinnerung an Afrika die abstrakte Erinnerung an eine »verlorene Küste« und eine »Sprache der Vorfahren« ist, wird diese Orientierung im Gedichtband *Wilde Kohlen* sehr viel konkreter. Die Afrika-Bezogenheit in ihrer Poesie ist von der Philosophie des Meeres durchtränkt (»irgendeinem Schiff, weit weg, / noch segelnd vor dem Festland«). Vor allem die Autoren der Karibik haben auf die Gewässer des Atlantiks als Ursprung der afrikanischen Diaspora hingewiesen, z. B. Kamau Brathwaite aus Barbados, Édouard Glissant aus Martinique, Derek Walcott aus St. Lucia, John Hearne aus Jamaica, Caryl Phillips aus St. Kitts, John D'Aguiar aus Guyana u. v. a.

Die häufige Erwähnung der Meeresverbundenheit als Verbindungsglied zwischen früher und heute macht deutlich, dass zunehmend das Bedürfnis empfunden wird, die Geschichte des transatlantischen Sklavenhandels ins literarische Bewusstsein zu rufen. Diese wird in der spanischsprachigen Literatur mit dem Begriff »Africanía« bezeichnet, dem Gedenken an die afrikanische Präsenz in

Amerika, welche in deren verschiedenen Kulturen ein integraler Bestandteil ist. Diese Präsenz geht weit über die Assoziation mit der Farbe »Schwarz« hinaus. Die Verweise auf eine Weltanschauung, die aus Afrika stammt, haben sich mit christlichen Symbolen vermischt. Morejón hat es vom Anfang an zu ihrer Aufgabe gemacht, diese Verankerung in ihrem Werk zum Ausdruck zu bringen. Das Zusammenfallen ihrer Rimbaud-Lektüre mit den »romantischen« Jahren der Revolution zu Beginn der 1960er Jahre, die Lektüre von Aimé Césaire sowie die Werke kubanischer Autoren wie Nicolás Guillén, Emilio Ballagas, José Lezama Lima, Cirilo Villaverde oder Lino Novás Calvo haben ihre Lyrik nachhaltig geprägt.

Morejón organisiert ihr poetisches Werk um das Prinzip »Vergessen« und »Erinnern« oder »Erinnerung verpflichtet«. So präsentiert sie sich als eine Autorin, deren Poetik sich von der Kultur Kubas hat inspirieren lassen; ihr Werk ist Teil einer Weltliteratur, aus der ihre ganz eigene poetische Stimme nicht mehr wegzudenken ist.

Namensregister

Ballagas, Patricio (1879-1920). Musiker und Komponist. Erfand eine extrem rhythmische Variante des populären kubanischen Troubadour-Genres, den sogenannten Kontrapunkt.

Benedetti, Mario (1920-2009). Geboren in Montevideo. Er veröffentlichte Poesie, Kurzprosa, Essays und Romane. Während der Diktatur in Uruguay lebte Benedetti einige Zeit in Kuba, danach in Spanien und kehrte 1985 nach Montevideo zurück. Musiker wie Joan Manuel Serrat und Daniel Viglietti haben seine Lyrik vertont.

Borrero, Juana (1877-1896). In Havanna geboren und in Key West/Florida gestorben. Schriftstellerin und Malerin. Bekannt sind ihre Verehrung für Julián del Casal und die offene emotionale Ausdrucksweise der Briefe an ihren Verlobten in Kuba.

Brooks, Gwendolyn (1917-2000). Dichterin, wohnhaft in Chicago. Mentorin der jungen Generation afro-amerikanischer Autorinnen.

Brouwer, Leo (* 1939). Komponist und klassischer Gitarrist. Hat in Deutschland mit Hans Werner Henze zusammengearbeitet. Heute einer der international bekannten Musiker Kubas.

Brueghel, Pieter der Alte (1525? - 1569). Maler und Drucker. Berühmt für seine Landschaften und Bauerngesellschaften.

Carbonell, Luis (1923-2014). Pianist, Schriftsteller und Vortragender von Werken afrokubanischer Autoren.

Casal, Julián del (1863-1893). Einer der wichtigsten Vertreter der lateinamerikanischen *modernistas*, die die spanischsprachige Poesie um die Jahrhundertwende erneuerten. Er übersetzte Baudelaire und Poe und war Mitarbeiter zahlreicher Zeitschriften und Zeitungen in Havanna.

Cellini, Benvenuto (1500-1571). Goldschmied, Graveur, Bildhauer. Wurde in Florenz geboren und starb dort auch. Schrieb die wichtige Autobiographie »Vita«.

Cendrars, Blaise (1887-1961). In der Schweiz geboren, nahm 1916 die französische Staatsangehörigkeit an. Dichter, früher Modernist, unermüdlicher Reisender.

Chauvin, Derek. Geboren 1976. Ehemaliger Polizist beim Minneapolis Police Department. Zu 21 Jahren Gefängnis verurteilt wegen Mordes an George Floyd am 25.5.2020.

Durnford, Elias (1739-1794). Ingenieur im Dienst des Grafen von Albemarle während dessen Expedition zur Eroberung Havannas 1762. Durnfords »Six Views of the City, Harbour, and Country of Havana« wurden 1765 von Thomas Jeffrey in London publiziert. Diese Stiche gelten als die ersten Abbildungen, auf denen volkstümliche Motive und Afrokubaner dargestellt werden.

Eiriz, Antonia (1929-1995). Malerin mit prägnant-groteskem Stil. Ab 1972 begann sie im Juanelo-Bezirk die

Produktion von Pappmaché-Figuren, die landesweit bekannt sind. Sie verbrachte die letzten Jahre ihres Lebens in Miami, wo sie starb, als sie mit einem Guggenheim-Stipendium eine Ausstellung ihrer Werke vorbereitete.

Emerson, Ralph Waldo (1803-1882). Nordamerikanischer Dichter, Essayist, Philosoph und Abolitionist.

Esquivel, Jorge (* 1950). Kubanischer Solotänzer beim Ballet Nacional. Lange Zeit Partner von Alicia Alonso. 1986 wechselte er zum San Francisco Ballet.

Faz, Roberto (1914-1966). Sänger von Sones, Boleros und Guarachas. Er wurde »die Stimme von Regla« genannt.

Fernández Retamar, Roberto (1930-2019). Dichter und Essayist. Von 1965 bis zu seinem Tod Herausgeber der Zeitschrift Casa de las Américas.

Floyd, George (1973-2020). Afroamerikaner, der am 25. Mai 2020 von dem weißen Polizisten Derek Chauvin in Minneapolis ermordet wurde.

Fumero, José Claro (1906-1977). Kubanischer Tromponist, Arrangeur und Komponist. Spielte in mehreren Orchestern.

García Lorca, Federico (1898-1936). Spanischer Dichter, Dramatiker, Schauspieler und Theaterdirektor. Gehörte zur Generation von '27. Wurde während des spanischen Bürgerkrieges von der Guardia Civil ermordet.

Gautier, Théophile (1811-1872). Französischer Schriftsteller und Journalist.

Guillén, Nicolás (1902-1989). Nationaldichter Kubas. Seine Poesie ist sehr rhythmisch und einfach im Sprachgebrauch. Guillén war schon früh politisch in der Kommunistischen Partei engagiert. Von 1961 bis zu seinem Tode war er Vorsitzender der UNEAC, des Kubanischen Verbandes für Schriftsteller und Künstler.

Herrera, Lázaro (1903-2000). Spielte lange Zeit Trompete im berühmten Septeto Nacional Ignacio Piñero.

Hikmet, Nazim (1902-1963). Türkischer Dichter, und Dramatiker. Wegens seines Bekenntnisses zum Kommunismus war er lange im Gefängnis und starb im Exil in Moskau.

Ibáñez, Chicho (1875-1981). Berühmter kubanischer Trova-Sänger. Er spielte auch Gitarre und war spezialisiert auf den Rhythmus des *Son* sowie afrokubanische Themen und Musik.

Jamís, Fayad (1930-1988). Dichter, Maler, Journalist und Übersetzer. Gehörte in den 1950er Jahren zur abstrakten Malergruppe »Los Once«.

Landaluze, Victor Patricio (1828-1889). Spanier aus dem Baskenland, der in den 1850er Jahren nach Kuba kam. Lehrer an der Kunstakademie San Alejandro in Havanna; einer der bekanntesten Cartoonisten und Zeichner der kubanischen Presse. Karikaturist der kubanischen

Bräuche und Gewohnheiten, insbesondere der afrokubanischen Kulturszene.

Laplante, Edouard (1818 - ?). Franzose, der im Dienste einer Maschinenfabrik für die Zuckerindustrie nach Kuba kam. Er illustrierte ein Buch über die Anlagen der Zuckerindustrie, »Los ingenios« (1857). Auf den 28 Lithographien sieht man die wichtigsten Zentren abgebildet, wobei eher die modernen Anlagen als die Arbeiter seine Ästhetik prägen.

Lavallée, Lidia. Modistin und Hutmacherin. Hat für viele kubanische Filme die Hüte entworfen und geschneidert.

Lévi-Strauss, Claude (1908-2009). Französischer Ethnologe, der den Strukturalismus in seinem Fach eingeführt hat. Seine berühmtesten Bücher sind »Tristes Tropiques« (1955) und »La Pensée sauvage« (1962).

Machado, Jorge (1875-1939). Spanischer Dichter. Gehörte zur Generation '98.

Manrique, Jorge (1440-1479). Spanischer Dichter. Berühmt durch seine »Coplas por la muerte de su padre« (Verse zum Tod seines Vaters).

Martí, José (1855-1893). Kubanischer Nationaldichter und Unabhängigkeitskämpfer.

Martínez Pedro, Luis (1910-1989). Grafiker und Dozent an der Nationalen Kunstschule. Gehörte zur Avantgarde-

Generation in Havanna. Seine bekanntesten Werke sind die Serien »Aguas Territoriales« (1963) und »Flora Cubana« (1973).

Manuel, Víctor (1897-1969). Kubanischer Avantgarde-Maler.

Mendieta, Ana (1948-1985). Geboren in Havanna, wurde sie 1961 von den Eltern in die USA geschickt. Nach ihrer Kunstausbildung in Iowa entwickelte sie sich zu einer der bekanntesten Latina-Künstlerinnen. Ihr tragischer Tod im September 1985 in Manhattan gab Anlass zu vielen Spekulationen.

Muñoz Bachs, Eduardo (1937-2001). Designer von Plakaten für das ICAIC (Kubanisches Institut für Kunst und kinematographische Industrie). Bekannt durch das Plakat für den ersten Film des ICAIC, »Historias de la Revolución« (1960), und des Charles Chaplin-Zyklus' (1968).

Pasternak, Boris (1890-1960). Russischer Dichter, Komponist, Übersetzer und Autor. Verfasser des »Doktor Schiwago« (1957).

Pérez, Amaury (*1953). Sänger und Textautor. War zusammen mit Silvio Rodríguez einer der Gründer der Nueva Trova. Er hat am 26. Dezember Geburtstag.

Plácido [Gabriel de Concepción Valdéz] (1808-1844). Afroamerikanischer Dichter. Wurde bei der Conspiración de la Escalera festgenommen und erschossen.

Pogolotti, Marcelo (1902-1988). Studierte in den USA und bis 1938 in Paris, wo er in engem Kontakt mit der künstlerischen Avantgarde stand. Dort entstand sein berühmtes Bild »Paisaje cubano« (1933). Zurück in Kuba, erblindete er und veröffentlichte literarische Texte und Essays über Kunst. Seine Tochter Graziella ist eine der bekanntesten Kunsthistorikerinnen Kubas.

Ponce de León, Fidelio (1895-1949). Kubanischer Maler von Themen wie Tod, Krankheit und Religion.

Prévert, Jacques (1900-1977). Dichter und Autor von Filmdrehbüchern.

Rembrandt (Rembrandt van Rijn), 1606-1669. Holländischer Maler, bekanntes Gemälde »De Nachtwacht«.

Rimbaud, Arthur (1854-1891). Französischer Dichter, der nach seinem zwanzigsten Lebensjahr nichts mehr geschrieben hat.

Rio, Zayda [oder Zaida] del (* 1954): Kubanische Malerin, Graphikerin und Druckerin. Hat Bücher über die orale Tradition von Yoruba-Narrativen illustriert.

Rivera-Valdés, Sonia (*1937). Geboren in Havanna, lebt seit den 1960er Jahren in New York. Sie unterrichtet Literatur und ist als Schriftstellerin tätig. Mit ihrem Erzählband »Las historias prohibidas de Marta Veneranda« gewann sie 1997 den Preis der Kulturinstitution Casa de las Américas.

Rodríguez Rivera, Guillermo (1943-2017). Dichter, Essayist und Romanautor. War Professor für Literatur, komponierte Texte für Musik und wirkte bei der Gründung der Nueva Trova im Jahr 1971 mit.

Soldevilla, Loló (1901-1971). Malerin, Bildhauerin. War von 1949 bis 1956 Kulturattaché der kubanischen Botschaft in Paris. Sie gilt als Pionierin der »Concrete Art« in Kuba.

Teofilito (1889-1971). Sehr bekannter Musiker und Komponist der populären Trova-Musik. Er heißt eigentlich Rafacl Gómez, ist aber bekannt als Sohn des Geigers Teófilo Gómez. Spielte viele Instrumente und hatte ein eigenes Orchester.

Till, Emmett (1941-1955). Afroamerikanischer Junge, der vom Ku-Klux-Klan in Mississippi gelyncht wurde.

Urfé, Odilio (1921-1988). Musiker. Spielte Flöte und Piano. Hatte ein eigenes Orchester und gründete 1949 das Instituto de Investigaciones Folclóricas in Havanna.

Valdés, Gregorio (1879-1939). Naiver kubanischer Maler. Lebte überwiegend in Florida/VS.

Valdés, Marta (*1934). Musikerin. Spielt Gitarre, singt und komponiert Lieder.

Valdés, Merceditas (1922-1996). Sängerin afroamerikanischer Musik. Führte die Yoruba-Thematik in die Musik ein.

Vallejo, César (1892-1938). Peruanischer Dichter, Dramatiker und Journalist. Er verstarb in Paris, wo er lange lebte.

Vera, Mariá Teresa (1895-1965). Populäre Sängerin. Sie spielte auch Gitarre und komponierte berühmte Lieder z. B. die Habanera »Veinte años«. Die Großmutter von Nancy Morejón, Ángela Domínguez, trat mit ihr auf. Die in Spanien lebenden kubanischen Musiker Pavel Urquiza und Gema Corredera brachten 1995 eine CD zum 100. Geburtstag von Mariá Teresa Vera heraus.

Whitman, Walt (1819-1892). Nordamerikanischer Dichter, Essayist und Journalist. Beschrieb die Modernisierung der USA. Vorbild für viele Dichter Lateinamerikas.

Nachweise

Die hier versammelten Gedichte sind aus folgenden Bänden entnommen:

S. 13-28, S. 77-89 und S. 155-168 aus: Nancy Morejón: »Augen« (Gedichte). Herausgegeben, übersetzt und mit einem Nachwort von Ineke Phaf-Rheinberger. Klaus Isele Editor, Eggingen 2020

S. 31-73 aus: Nancy Morejón: »Ruhmreiche Landschaft« (Gedichte). Herausgegeben, übersetzt und mit einem Nachwort von Ineke Phaf-Rheinberger. Klaus Isele Editor, Eggingen 2020

S. 89-151 aus: Nancy Morejón: »Wilde Kohlen« (Gedichte). Aus dem Spanischen übertragen und mit einem Nachwort von Ineke Phaf-Rheinberger. Klaus Isele Editor, Eggingen 2021

Die Gedichte auf den Seiten 171-185 wurden erstmals auf Deutsch übersetzt. Sie sind dem Band »Madrigal para un príncipe negro«, La Habana, Casa de las Américas, 2020, entnommen.